Vegetarisch grillen

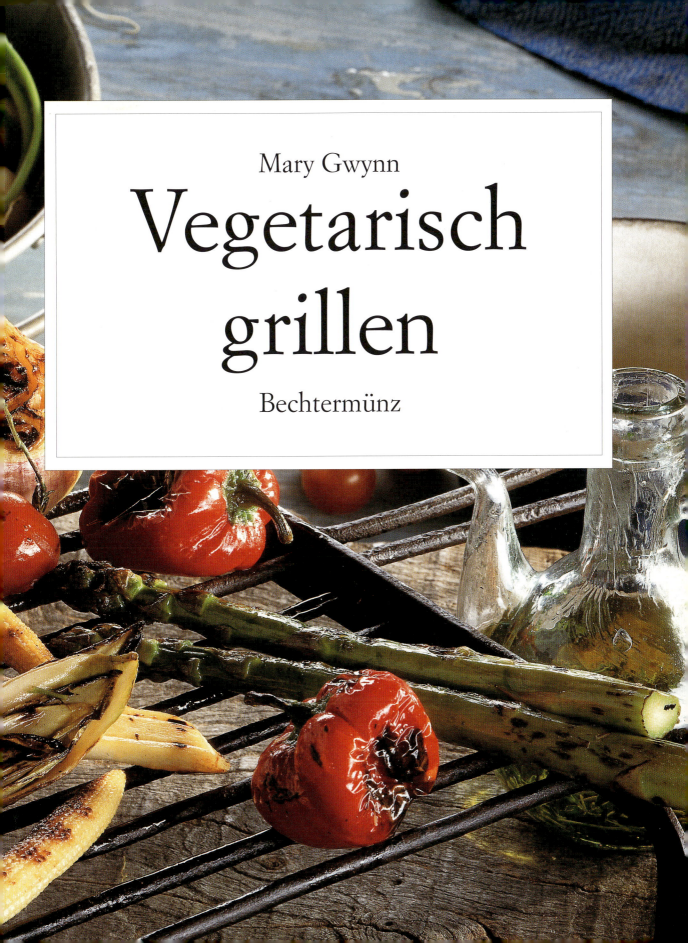

Erstmals veröffentlicht 1998 unter dem Titel
Vegetarian Barbecue Cookbook
von Merehurst Limited,
Ferry House, 51–57 Lacy Road,
Putney, London SW15 1PR,
England

Copyright © für 1998 by Mary Gwynn

Deutsche Erstausgabe

Copyright © der deutschen Ausgabe 2001 by Weltbild Verlag GmbH, Augsburg
Redaktion und Lektorat der Originalausgabe: Bridget Jones
Layout und Design: Hammond Hammond
Fotografie: Ken Field
Hauswirtschaftliche Beratung: Louise Pickford
Styling: Suzy Gittins
Koordination und Bearbeitung der deutschen Ausgabe:
Neumann & Nürnberger, Leipzig – Machern
Übertragung ins Deutsche: Franka Reinhart, Bismark
Gesamtherstellung: Appl, Wemding
Printed in Germany

ISBN 3-8289-1099-8

Alle Rechte vorbehalten. Dieses Buch darf nur nach vorheriger schriftlicher
Zustimmung des Copyright-Inhabers vollständig bzw. teilweise vervielfältigt, in
einem Datenerfassungssystem gespeichert oder mit elektronischen bzw. mecha-
nischen Hilfsmitteln, Fotokopieren oder Aufzeichnungsgeräten bzw. ander-
weitig weiterverbreitet werden.

INHALT

Vorwort 6

Einleitung 7

Menüs 9

Vorspeisen 10

Kebabs oder Grillspieße 22

Käse, Hülsenfrüchte und Tofu 34

Gemüse 46

Salate 58

Brot und andere Beilagen 70

Saucen und Relishes 78

Desserts 86

Register 96

VORWORT

Schon als Kind entdeckte ich den Reiz von improvisierten Mahlzeiten. Seit dieser Zeit liebe ich es, im Freien zu essen. Meist war es mein Vater, der während unserer Ausflüge aufs Land diese unkomplizierten Kindheits-Barbecues an kalten Wintertagen organisierte. Das Menü bestand unveränderlich aus kleinen, in der Schale gebackenen Kartoffeln. Wir wickelten sie in Folie und garten sie in der heißen Asche des Feuers, für das wir zuvor Holz gesammelt hatten. Wenn die Kartoffeln so weit abgekühlt waren, dass man sie anfassen konnte, wärmten sie unsere kleinen, kalten Hände. Natürlich gab es auch „Baked Beans" (gebackene Bohnen), die in der geöffneten Dose erwärmt und auf getoasteten Rosinenbrötchen serviert wurden. Diese Kombination erscheint vielleicht etwas ungewöhnlich und hatte auch damals durchaus ihre Kritiker, aber für mich war sowohl das Essen als auch der Rahmen perfekt. Diese Kindheitsabenteuer beschreiben für mich den ganzen Spaß am Kochen und Essen im Freien. Es schmeckt eben einfach besser, wenn man sich ganz locker und zwanglos zu einem solchen Vergnügen trifft.

Seitdem habe ich Barbecues auf der ganzen Welt erlebt. Die Erfahrungen reichen von einem echt aus-tralischen „Barbie" an einem Strand am Südpazifik mit riesigen Grillrosten auf Ölfässern und ausgelassenen Menschenmassen bis hin zum „echten Barbecue" während meiner ersten USA-Reise, als Freunde in Connecticut eine Grillparty am Pool feierten. Wir aßen gegrillte Maiskolben und die größten Steaks, die ich je gesehen habe.

Zu dieser Zeit gab es kaum Alternativen zu gegrillten Steaks, Hamburgern oder Bratwürsten, die, wenn man nicht aufpasste, außen meist total verkohlt und in der Mitte noch unangenehm roh waren. Heute jedoch, im Zusammenhang mit dem großen Interesse an mediterranem und asiatischem Essen, legt man vor allem Wert darauf, dass beim Grillen, Rösten und Braten das Aroma erhalten bleibt. Durch die Abkehr von reinen Fleischgerichten hat sich das Grillen als gesunde und innovative Garmethode emanzipiert und bietet auch für Vegetarier eine Menge Möglichkeiten.

Die Rezepte in diesem Buch eröffnen nur einen kleinen Einblick in die Vielfalt des fleischlosen Grillens. Sie sind als Anregung für all diejenigen gedacht, die gern gut essen. Ich hoffe, Sie haben beim Zubereiten und Essen genauso viel Spaß wie ich.

EINLEITUNG

DIE AUSWAHL DES GRILLS

Alle Grills beruhen auf dem gleichen einfachen Prinzip: ein Behälter für das Brennmaterial mit einem Grillrost aus Metall. Darüber hinaus gibt es jedoch ein ständig wachsendes Sortiment von verschiedensten Grills, was die Auswahl des passenden Gerätes manchmal recht kompliziert macht.

Zunächst sollten Sie darüber nachdenken, wie oft Sie den Grill benutzen werden, für wie viele Personen er gedacht ist und wo sie ihn aufstellen wollen. Das sollte Ihnen die Entscheidung zwischen einem modernen Kugel- bzw. Haubengrill auf der einen Seite der Produktpalette oder einem tragbaren oder Tischgrill auf der anderen Seite erleichtern.

Für welchen Grill Sie sich auch entscheiden, achten Sie beim Kauf auf Stabilität und darauf, dass sich der Rost leicht abnehmen bzw. verstellen lässt.

Grillwagen oder -tische

Diese Geräte sind tragbar und freistehend und oftmals mit Rädern oder abnehmbarem Gestell ausgestattet. Wichtig sind Stabilität und ein festes, massives Gestell zum Schutz gegen Umkippen.

Manche Modelle sind relativ niedrig, was für groß gewachsene Grillmeister recht schmerzhaft im Rücken werden kann. Oftmals besitzen diese Grills einen Windschutz, um die Holzkohle zu schützen und die Hitze länger zu erhalten. Wählen Sie am besten ein Gerät mit verstellbarem Rost und Lüftungsschiebern zur Regulierung der Hitze.

Diese Bauart eignet sich am besten für Grillgut mit kurzer Garzeit, das nicht stärker als 4 cm sein sollte.

Kugelgrills

Diese geschlossenen Grills verfügen über verstellbare Abdeckungen und ermöglichen drei verschiedene Garmethoden: grillen, backen oder räuchern. In geschlossenem Zustand wird die Hitze reflektiert, um den Garprozess zu beschleunigen und gleichmäßiger zu gestalten. Um einen rauchigen Geschmack zu erzielen, kann man aromatische Kräuter oder Holzspäne zugeben. Der Grillrost ist normalerweise nicht verstellbar, dadurch ist es schwierig, die Temperatur zu regeln. Der Deckel besitzt keine Aufhängung und ist dadurch manchmal recht unhandlich und heiß.

Tragbare Camping- oder Rundgrills

Sie sind klein, preiswert, leicht zu transportieren und ideal für Camping oder Picknick.

Weitere tragbare Grills gibt es in reichlicher Auswahl auf dem Markt, z.B. mit klappbarem Gestell und Tragegriffen sowie Zubehör wie Windschutz oder verstellbarem Grillrost. Einweggrills aus Alufolie gibt es in den meisten Supermärkten, sie eignen sich jedoch nur für die Zubereitung kleiner Mengen.

Gas- und Elektrogrills

Sie sind schnell anzuheizen und einfach in der Handhabung. Nach dem gleichen Prinzip aufgebaut wie Kugel- oder Haubengrills. Jedoch fehlt das echte Holzkohlenaroma.

Grillkamine

Zum Selbstbauen auf der Terrasse oder an einer geschützten Stelle im Garten. Es gibt eine Reihe von Büchern mit leicht verständlichen Anleitungen. Im Baumarkt werden auch komplette Bausätze inklusive Material und Anleitung angeboten.

AUSWAHL DES BRENNSTOFFES

Ich bevorzuge Holzkohle aus Hartholz, da die Hitze stärker und sauberer ist als die mit Holz erzeugte, außerdem brennt Holzkohle gleichmäßiger. Briketts von guter Qualität eignen sich auch, allerdings sollte man warten, bis die Kohle so weit heruntergebrannt ist, bis sie einen grauen Aschemantel haben. Da die Briketts chemische Binde- und Füllmittel enthalten, geben sie dem Essen einen unangenehmen Beigeschmack, wenn sie nicht ganz abgebrannt sind.

Man kann auch eine Packung aromatischer Holzspäne, z.B. Hickory oder Ahorn zugeben, um einen rauchigen Geschmack zu erzielen. Aromatische Kräuter, wie Fenchel, Rosmarin und Salbei erfüllen den gleichen Zweck.

DAS ANZÜNDEN DES GRILLS

Unter dem Grillrost benötigt man eine Schicht aus Holzkohle oder Holz von 2,5 – 5 cm Stärke. Wenn der Grill länger als eine Stunde betrieben werden soll, muss daran gedacht werden, nach einiger Zeit etwas Holzkohle aufzufüllen.

Zweckmäßig ist es, die Glutwanne mit starker Alufolie auszukleiden, um die Hitze zurück auf das Grillgut zu reflektieren. Außerdem lässt sich der Grill dann anschließend besser reinigen.

Zum Anzünden des Grills eignen sich Papier und Reisig oder Grillanzünder in fester oder flüssiger Form. Bei chemischen Grillanzündern sollte man darauf achten, dass sie vollständig abgebrannt sind, bevor das Grillgut aufgelegt wird. Andernfalls erhält man einen chemischen Beigeschmack. Bei Verwendung von Papier und Reisig legt man auf zerknülltes Zeitungspapier einige Reisigzweige. Darauf schichtet man dann pyramidenförmig die Holzkohle und entzündet das Papier oder den Anzünder.

Die richtige Grilltemperatur

Bevor das Grillgut aufgelegt wird, sollte der Grill 30 bis 40 Minuten brennen, bis die Flammen kleiner werden und die Holzkohle mit einer feinen weißen Ascheschicht überzogen ist. Wenn die Kohle stellenweise rot glüht, haben sie eine mittlere Hitze, die für das Grillen von Gemüse genau richtig ist.

Um den Grill wieder in Gang zu bringen, nachdem das Feuer einmal zu weit heruntergebrannt ist, schichtet man den zusätzlichen Brennstoff am Rand auf und wartet, bis er aufgeheizt ist. Danach schiebt man ihn nach und nach in die Mitte und öffnet die Haube und die Lüftungsschieber für ca. 15 Minuten, um den neuen Brennstoff aufzuheizen. Kalter Brennstoff sollte nicht direkt ins Feuer gegeben werden, da dadurch die Hitze reduziert und das Garen verlangsamt wird.

GRILLTIPPS

■ Die meisten Gemüsesorten lassen sich gleichmäßiger mit einem geschlossenen Grill bei mittlerer Hitze garen. Mit einem Holzspieß lässt sich feststellen, ob das Grillgut gar ist.

■ Den Rost vor und während des Grillens mit Öl einpinseln, damit das Grillgut nicht anhaftet.

■ Zum Grillen von Gemüse verwende ich gern aufklappbare Wendebräter mit langen Griffen. Damit lässt sich das Grillgut leicht wenden und verrutscht nicht. Gut mit Öl einpinseln.

■ Zum Grillen kleiner oder empfindlicher Gemüsestücke belegt man eine Teil des Grillrostes mit starker Alufolie, die man mit kleinen Löchern versieht. Dadurch verhindert man, dass das Grillgut durch den Rost fällt.

■ Wenn man etwas in Folie verpackt grillt, wird die Folie mit einem Holzspieß mehrmals eingestochen, um das Aroma durchzulassen.

■ Holzspieße sind ideal für Gemüse, da empfindliches Grillgut, wie z.B. Pilze, nicht beschädigt werden.

■ Holzspieße sollten 15 Minuten in kaltes Wasser gelegt werden, damit sie nicht anbrennen.

■ Für Wurzelgemüse verwendet man Metallspieße, da sie die Wärme gut in die Mitte leiten und so für ein schnelles, gleichmäßiges Garen sorgen.

■ Wenn das Grillgut auf den Grill gelegt wird, sollte es Zimmertemperatur haben, um ein gleichmäßiges Garen zu gewährleisten.

■ Um Flammen sofort ablöschen zu können, sollte stets ein Gefäß mit Wasser bereitstehen.

■ Den Grill nach jeder Benutzung gründlich mit einer Drahtbürste reinigen, altes Fett entfernen und anschließend den Grill frisch ölen.

■ Gas- oder Elektrogrills nach Gebrauch ausschalten, abdecken und die Ventile schließen. Bei Holzkohlegrills die Kohle mit etwas Wasser ablöschen.

VEGETARISCH GRILLEN

MENÜS

Mit Ausnahme von Beilagen wie einfachen Salaten und Reis sind alle Rezepte für diese Menüs in den folgenden Kapiteln abgedruckt. Sie zeigen, wie abwechslungsreich vegetarische Grillgerichte sein können. Sie bieten für jeden Geschmack und jede Gelegenheit etwas passendes. Die entsprechenden Seitenangaben finden Sie im Register.

■ EINFACHES FRÜHLINGSMENÜ
Gegrillter Spargel mit einem Dressing aus
    Parmesan und Pinienkernen
Gemischte Gemüseplatte mit Chili-Mayonnaise
Pizzabrot mit Knoblauch und Kräutern
Einfacher Blattsalat
Birnen mit Zitronenbutter auf Rosinenbrot

■ SOMMERLICHES FAMILIENFEST
Tomaten-Crostini
Pilz-Möhren-Puffer
Tofu-Gemüse-Satay
Fenchel-Zucchini-Reis
Rucolasalat mit Grill-Paprika und Schalotten
Erdbeer-Bananen-Spieße mit Sahne-Karamell-
    Sauce

■ MITTSOMMER-ABENDESSEN
Baby-Artischocken und Auberginen mit Alioli
Auberginen-Mozzarella-Röllchen
Kartoffel-Schalotten-Spieße mit Koriander-
    pesto
Gegrillte Patty-Pan-Kürbisse mit Zitronen-Senf-
    Dressing
Röstbrotsalat mit Parmesan
Gegrillte Pfirsiche mit Whisky-Mac-Creme

■ HERBSTLICHE GRILLPARTY
Knoblauchchampignons
Kürbis-Sellerie-Spieße mit Zimtbutter
Gefüllte Weinblätter mit Feta und Oliven
Gegrillte Tomaten mit Kichererbsen
Kartoffel-Zwiebel-Brot
Feigen mit Honig und Zitronengras

■ ORIENTALISCHE STRANDPARTY
Kräuterkäse mit gegrilltem Gemüse
Felafel in Pita-Taschen
Süßkartoffeln mit einer schnellen Curry-Paste
Couscous mit gegrilltem Gemüse
Gurken-Raita
Naan-Brot oder gekauftes indisches Fladenbrot
Exotische Fruchtspieße mit Kardamom-Butter

■ LOCKERE GRILLPARTY
Suppe aus gegrillten Tomaten und Paprika
    (Gazpacho)
Tomaten-Avocado-Salsa
Tortillas mit Mais und Avocado
Gegrillte Halloumi-Streifen
Patatas Bravas
Salat aus Tomaten und roten Zwiebeln
Pfirsiche mit Blaubeeren, in Folie gebacken

■ GRILLPARTY AUF ASIATISCHE ART
Auberginen-Koriander-Pâte
Mais-Zwiebel-Spieße mit Sesamöl
Pilzspieße mit thailändischen Gewürzen
Tofu nach Peking-Art mit Eierkuchen
Thailändischer Jasminreis
Ingwer-Ahornsirup-Eiscreme mit einem
    exotischen Obstsalat

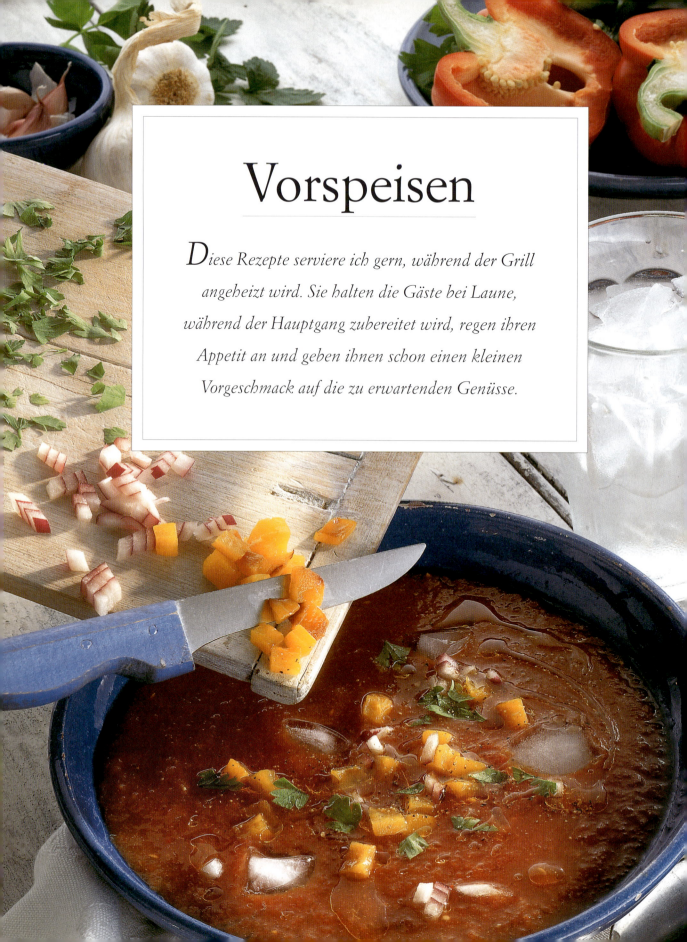

Vorspeisen

Diese Rezepte serviere ich gern, während der Grill angeheizt wird. Sie halten die Gäste bei Laune, während der Hauptgang zubereitet wird, regen ihren Appetit an und geben ihnen schon einen kleinen Vorgeschmack auf die zu erwartenden Genüsse.

VEGETARISCH GRILLEN

SUPPE AUS GEGRILLTEN TOMATEN UND PAPRIKA

Vorbereitung: 15 Minuten
Zubereitung: ca. 10 Minuten

Für 4 Personen

2 rote Paprikaschoten
1 grüne Paprikaschote
1 gelbe Paprikaschote
500 g Eiertomaten
1 große milde Zwiebel,
quer halbiert
2 Esslöffel Rotweinessig
1 Knoblauchzehe
315 ml Eiswasser
Salz und frisch gemahlener
schwarzer Pfeffer
Eiswürfel zum Servieren

Zum Garnieren:
rote Zwiebel, gewürfelt
frische glatte Petersilie, gehackt

Gazpacho ist seit Jahren ein Lieblingsessen meiner Töchter. Sie wünschen sich dieses Gericht zu jeder Jahreszeit, egal wie kalt es draußen ist. Diese Variante entstand während eines Spanienurlaubs, wo zu unserem Ferienhaus ein wunderbarer Grillplatz am Pool gehörte, den wir jeden Abend voll auslasteten. Das aromatische Gemüse vom Markt erforderte kaum Vorbereitung, nur etwas einheimisches Olivenöl, damit es während des Grillens nicht austrocknete. Meine Kinder entdeckten alsbald ihre Liebe für Auberginen und Zucchini, die nach wie vor ungebrochen ist. Ich kann diese Art des Kochens daher nur empfehlen, um wenig experimentierfreudige Kinder dazu zu bringen, bislang eher ungeliebte Gemüsesorten auszuprobieren.

1. Das Gemüse auf den Grillrost geben und ca. 10 Minuten grillen, dabei regelmäßig wenden bis die Haut gebräunt ist. Paprikaschoten und Tomaten in eine Plastiktüte geben und 5 Minuten stehen lassen, damit die Haut sich ablöst.
2. Die Zwiebel schälen und grob hacken. Die Paprikaschoten häuten und entkernen und die gelbe Paprika beiseite stellen. Die Tomaten häuten. Das Fleisch der roten und grünen Paprikaschoten zusammen mit den Zwiebeln und den Tomaten im Mixer zu einer glatten Masse verarbeiten. Danach Essig, Knoblauch und Wasser zugeben und nochmals pürieren. Mit Pfeffer und Salz abschmecken.
3. Vor dem Servieren zwei oder drei Eiswürfel in jede Schale geben und die Suppe einfüllen. Die gelbe Paprika fein hacken und ein wenig davon in jede Suppenschale geben. Mit den Zwiebelwürfeln und der gehackten Petersilie garnieren und servieren.

Tipp
Die Suppe durch ein Sieb geben, damit sie feiner wird. Wenn die Suppe vorher zubereitet wird, sollte sie kühl gestellt und erst kurz vor dem Servieren umgerührt werden.

Suppe aus gegrillten Tomaten und Paprika

VEGETARISCH GRILLEN

TOMATEN-CROSTINI

Vorbereitung: 10 Minuten
Zubereitung: 10 Minuten

Für 4 Personen

250 g Cherrytomaten
2 Knoblauchzehen, ungeschält
1 kleine rote Zwiebel, halbiert
4 große frische Basilikumblätter,
zerkleinert
½ mittelgroßes französisches
Baguette
4 Esslöffel extra natives Olivenöl
Salz und frisch gemahlener
schwarzer Pfeffer

Grillen oder Braten sind wunderbare Methoden, um den oftmals recht fade schmeckenden Tomaten aus unseren Supermärkten Aroma zu verleihen. Außerhalb der kurzen Sommersaison, in der die Tomatenpflanzen in meinem Garten Früchte tragen, kaufe ich in der Regel Cherrytomaten, wenn es mir auf den vollen Tomatengeschmack für meine Gerichte ankommt. Sie eignen sich gut für diesen klassischen Crostini-Belag. Crostini ist übrigens italienisch und bedeutet „kleine Toasts".

1. Die ganzen Tomaten und den Knoblauch zusammen mit den Zwiebelhälften auf den Grill legen und 5 Minuten garen. Dabei gelegentlich wenden, bis sie leicht gebräunt sind.
2. Die Tomaten häuten und die Zwiebel schälen, das Fleisch würfeln und alles zusammen in eine kleine Schüssel geben. Basilikum hinzufügen und gut würzen. Den Knoblauch schälen und in einer anderen kleinen Schüssel zerdrücken.
3. Das Brot in dicke Scheiben schneiden und auf dem Grill toasten, bis beide Seiten goldgelb sind. Jede Scheibe auf einer Seite mit Olivenöl beträufeln und mit Knoblauch bestreichen. Mit der Tomatenmischung belegen und servieren.

VEGETARISCH GRILLEN

GEGRILLTE FRÜHLINGS-ZWIEBEL-BRUSCHETTA

Vorbereitung: 15 Minuten
Zubereitung: 10 bis 15 Minuten

Für 4 Personen

20 große Frühlingszwiebeln
1 rote Chilischote
1 Esslöffel Sesamöl
1 Esslöffel Sojasauce
1 Esslöffel flüssiger Honig
2 Esslöffel frische Koriander-blätter, gehackt
4 dicke Scheiben Bauernbrot
1 Knoblauchzehe

Bruschetta, diese italienische Mischung aus aufgeklapptem Sand-wich und Knoblauchbrot liebe ich sehr. Sie eignet sich hervor-ragend als Vorspeise oder Mittagssnack. Ursprünglich ist es ein-faches, geröstetes Brot, das mit einer Knoblauchzehe eingerieben und mit Olivenöl (beste Qualität) beträufelt wird. Man kann es außerdem mit einer Vielzahl von Zutaten belegen – gegrilltes Gemüse kommt besonders gut an. Frühlingszwiebeln, bestrichen mit etwas Sojasauce und Sesamöl und vorsichtig gegrillt, so dass sie hellbraun und zart sind, geben diesem mediterranen Favoriten einen orienta-lischen Touch. Verwenden Sie besonders große Frühlingszwiebeln, da diese einfacher zu handhaben sind und beim Grillen nicht zer-fallen.

1. Die Frühlingszwiebeln quer halbieren. Die Chilischote entkernen und fein hacken. Sesamöl, Sojasauce und Honig mischen und die gehackte Chili unterrühren.
2. Die Frühlingszwiebeln auf den Grill legen und mit der Soja-mischung bestreichen. 10 bis 15 Minuten garen, dann wenden und wieder mit der Mischung bestreichen, bis sie leicht gebräunt sind. Die Frühlingszwiebeln vom Grill nehmen und in 5 cm lange Stücke schneiden. Mit der restlichen Marinade und dem Koriander mischen.
3. Das Brot auf dem Grill toasten und die Knoblauchzehe halbieren. Das getoastete Brot mit der Schnittfläche der Zehe einreiben und mit den Frühlingszwiebeln belegen. Sofort servieren.

Tipp
Für einen kräftigeren Salat rührt man gegrillte Tofuwürfel vorsichtig unter die warmen Frühlingszwiebeln und lässt alles abkühlen.

VEGETARISCH GRILLEN

BABY-ARTISCHOCKEN UND -AUBERGINEN MIT ALIOLI

Vorbereitung: 15 Minuten
Zubereitung: 10 Minuten

Für 4 Personen

**250 g junge Baby-Artischocken
(die man im Ganzen essen kann)**
250 g Baby-Auberginen
**Extra natives Olivenöl zum
Einspinseln**

Alioli:
5 Knoblauchzehen
**Salz und frisch gemahlener
schwarzer Pfeffer**
1 Ei
1 Esslöffel Zitronensaft
**155 ml extra natives, spanisches
Olivenöl**
Zitronenscheiben zum Garnieren

Ich erinnere mich noch gut an einen Besuch bei meiner Schwester Lucy, die einen Sommer lang auf der Balearen-Insel Ibiza arbeitete. Wir saßen in einem Strandrestaurant, tranken krügeweise Sangria und aßen Brot mit einer unglaublichen Knoblauchsauce, die man dort Alioli nennt. Diese spanische Variante des aus Südfrankreich stammenden Aïoli ist definitiv nur etwas für ausgesprochene Knoblauchliebhaber. Vom Koch persönlich erfuhren wir dann, dass auf 220 ml Öl zehn Knoblauchzehen verwendet werden! Für meine Rezeptvariante verwende ich davon nur die Hälfte.

1. Zunächst wird das Alioli zubereitet. Dazu den Knoblauch zerdrücken und mit Salz und Pfeffer in einen Mixer geben. Ei und Zitronensaft zugeben und so lange rühren, bis die Mischung hell und schaumig wird. Bei laufendem Mixer nach und nach das Öl zugeben, bis die Masse eindickt. Nach Geschmack würzen und in eine Servierschale umfüllen. Abdecken und bei Zimmertemperatur stehen lassen.
2. Die Artischocken und Auberginen von der Spitze bis zum Stiel längs halbieren. Mit etwas Öl einpinseln und 10 Minuten grillen. Dabei gelegentlich wenden, bis sie leicht gebräunt sind. Mit den Zitronenscheiben garnieren und mit Alioli servieren.

Variante
NEUE KARTOFFELN MIT ALIOLI Als schnelle Vorspeise kleine neue Kartoffeln kochen, bis sie fast gar sind. Anschließend abgießen und 5 Minuten goldbraun grillen. Die Kartoffeln auf hölzernen Cocktailspießen mit Alioli servieren.

Tipp
Das Ei sollte Zimmertemperatur haben, sonst gerinnt das Alioli. Wenn es doch einmal passieren sollte, nochmals mit einem neuen Ei von vorn beginnen und anschließend die geronnene Masse bei laufendem Mixer zugeben. Weitere 155 ml Olivenöl hinzufügen, sonst wird die Sauce zu eihaltig.

Wird das Alioli vorher zubereitet, sollte es abgedeckt oder in einen luftdichten Behälter gefüllt und gekühlt werden. Ungefähr 30 Minuten vor dem Servieren auf Zimmertemperatur bringen.

VEGETARISCH GRILLEN

KNOBLAUCHCHAMPIGNONS

Vorbereitung: 10 Minuten
Zubereitung: 15 Minuten

Für 4 Personen

8 große Wiesenchampignons

Knoblauchbutter:
60 g Butter
2 Knoblauchzehen
**3 Esslöffel frische glatte Peter-
silie, gehackt**
einige Tropfen Tabascosauce
**1 Teelöffel abgeriebene Zitronen-
schale**
**Salz und frisch gemahlener
schwarzer Pfeffer**

Wiesenchampignons, auch Feldchampignons oder Feldeger-
linge genannt, eignen sich hervorragend zum Grillen – diese
unkomplizierte Art der Zubereitung ist einfach unschlagbar. Ich
verwende gehackten Knoblauch für die Knoblauchbutter, weil
ich es sehr gern mag, wenn man auf die winzigen, knackigen und
aromatischen Knoblauch-Stücken beißt. Wenn Ihnen das nicht so
zusagt, pressen oder zerdrücken Sie den Knoblauch einfach. Servieren Sie dazu reichlich knuspriges Brot, um es mit der Knoblauchbutter zu tränken.

1. Die Pilze putzen und die Stiele entfernen. Für die Knoblauchbutter die Butter schaumig rühren. Den Knoblauch fein hacken
und zusammen mit Petersilie, Tabasco, Zitronenschale und reichlich
Pfeffer und Salz unter die Butter mischen.
2. Die Pilze mit den Stielseiten nach unten auf den Grill legen und
10 Minuten garen, bis sie gebräunt sind.
3. Die Pilze wenden und die Köpfe mit Knoblauchbutter füllen.
Weitere 5 Minuten grillen, bis die Butter geschmolzen ist und die
Pilze gar sind. Sofort servieren.

VEGETARISCH GRILLEN

GEGRILLTER SPARGEL MIT EINEM DRESSING AUS PARMESAN UND PINIENKERNEN

Vorbereitung: 15 Minuten
Zubereitung: 10 Minuten

Für 4 Personen

500 g frischer junger Spargel
etwas Olivenöl zum Einspinseln

Dressing:
30 g Pinienkerne
1 Knoblauchzehe, geschält
etwas Steinsalz
4 Esslöffel frisch geriebener
Parmesankäse
2 Esslöffel frische glatte Peter-
silie, gehackt
4 Esslöffel extra natives Olivenöl
frisch gemahlener schwarzer
Pfeffer

Wir sind daran gewöhnt, dass Spargel mit gehaltvollen Butter-
saucen serviert wird, aber sein unverwechselbarer Geschmack
passt auch wunderbar zu einem guten Olivenöldressing. Das Grillen der Spargelstangen verstärkt ihren Geschmack – diesen Tipp
gab mir der inspirierende Kochbuchautor Nigel Slater. Das Rezept
eignet sich hervorragend für eine erste Sommer-Grillparty, wenn
es zur Spargelzeit Ende April bis Anfang Juni ein paar warme Tage
gibt.

1. Den Spargel putzen, mit etwas Olivenöl einpinseln und beiseite
stellen, während das Dressing zubereitet wird.
2. Pinienkerne und Knoblauch mit etwas Steinsalz in einen Mörser
geben. Die Zutaten zu einer glatten Masse verarbeiten. Anschließend
den Parmesan und die Petersilie hinzufügen. Nach und nach das
Olivenöl zugeben, bis ein dickflüssiges Dressing entsteht. Nach
Geschmack würzen und mit frisch gemahlenem schwarzen Pfeffer
abschmecken.
3. Den Spargel ca. 10 Minuten grillen, bis er weich ist. Die Stangen
regelmäßig wenden und nochmals mit etwas Öl einpinseln, falls sie
austrocknen. Mit dem Dressing und knusprigem italienischen Brot
servieren.

Tipp
Für ein wunderbares Pastagericht wird der Spargel klein geschnit-
ten, in dem Dressing geschwenkt und mit heißen, frisch gekochten
Tagliarini serviert.

VEGETARISCH GRILLEN

KRÄUTER-INGWER-KÄSE MIT GEGRILLTEM GEMÜSE

Vorbereitung: 15 Minuten
Zubereitung: 10 bis 15 Minuten

Für 4 Personen

125 g Babymöhren

125 g Babyfenchel

125 g Babylauch

125 g gleich große Maronenpilze

2 Esslöffel extra natives Olivenöl

Kräuter-Ingwer-Käse:

250 g Weichkäse mit mittlerem Fettgehalt, z.B. Ricotta oder Rahmfrischkäse

125 g griechischer Joghurt

eingelegter Ingwer im Stück, 2,5 cm lang

4 Esslöffel gemischte frische Kräuter, z.B. Schnittlauch, Petersilie, Estragon und Basilikum, gehackt

Salz und frisch gemahlener schwarzer Pfeffer

glatte Petersilie zum Garnieren

1. Zunächst den Kräuter-Ingwer-Käse bereiten. Den Käse zusammen mit dem griechischen Joghurt in einer Schüssel gut verrühren. Den Ingwer fein hacken, zusammen mit den Kräutern dazugeben und mit Pfeffer und Salz abschmecken.
2. Die Möhren putzen. Fenchel und Lauch gründlich waschen. Die Möhren in einem Topf mit kochendem Wasser ca. 5 Minuten blanchieren, dann für die letzten 2 Minuten Fenchel und Lauch zugeben. Das Gemüse abgießen, mit kaltem Wasser spülen, um ein Weiterkochen zu verhindern und anschließend abgießen.
3. Das Gemüse mit Olivenöl einpinseln. Ca. 10 Minuten grillen, dabei regelmäßig wenden, bis alles goldbraun und gar ist.
4. Das Gemüse auf Tellern anrichten. Mit der glatten Petersilie garnieren und mit einem Löffel Käse sofort servieren.

Variante

FRISCHER JOGHURTKÄSE Selbstgemachter frischer Joghurtkäse ist eine wunderbare Beilage zu gegrilltem Babygemüse. Er muss jedoch 24 Stunden vorher zubereitet werden. Die Herstellung ist so einfach, dass sie es meiner Meinung nach wert ist, hier erwähnt zu werden.

Den Käse mindestens 24 Stunden vorher zubereiten. Dazu 250 g griechischen Joghurt und 250 g Crème Fraîche in eine Schüssel geben und gut verrühren. Den Ingwer fein hacken und zusammen mit den Kräutern, wie oben beschrieben, dazugeben. Mit Pfeffer und Salz abschmecken. Anschließend in die Mitte eines quadratischen, doppelten Musselintuches geben. Die Ecken zusammennehmen, einen Beutel formen und fest zusammenbinden.

Den Beutel an einem kühlen Ort aufhängen und eine Schüssel darunter stellen, um abtropfende Flüssigkeit aufzufangen. 24 Stunden hängen lassen, bis der Käse fest ist. Bis zum Servieren kühl stellen.

VEGETARISCH GRILLEN

GEGRILLTE ROTE BETE MIT BIRNEN-RUCOLA-SALAT

Vorbereitung: 10 Minuten
Zubereitung: 10 Minuten

Für 4 Personen

8 kleine rote Bete, gekocht
2 Esslöffel extra natives Olivenöl
1 Beutel Rucolablätter (auch
Senfkohl oder Rauke genannt)
1 reife Birne
Saft einer halben Zitrone

Walnusscreme-Sauce:
6 Esslöffel Crème Fraîche
1 Teelöffel Dijon-Senf
30 g Walnussstücke, fein gehackt
2 Esslöffel gemischte frische
Kräuter, z. B. Dill, Schnittlauch,
Petersilie und Estragon, gehackt
Salz und frisch gemahlener
schwarzer Pfeffer

Dieses Rezept ist bereits in einem meiner früheren Bücher erschienen, aber es eignet sich so gut zum Grillen, dass ich es hier einfach mit aufnehmen musste. Junge Rote Bete sind süß und zart, wenn sie auf diese Weise zubereitet werden. Um den bestmöglichen Geschmack zu erzielen, sollten Sie beim Kauf darauf achten, dass Sie Rote Bete kaufen, die ohne Essig oder Säure verpackt wurden.

1. Zunächst wird die Sauce zubereitet. Dazu Crème Fraîche, Senf, gehackte Walnüsse und Kräuter mischen. Mit Pfeffer und Salz abschmecken, abdecken und kühl stellen.
2. Rote Bete mit etwas Olivenöl einpinseln und ca. 10 Minuten grillen. Dabei gelegentlich wenden.
3. Zum Servieren jeden der vier Teller mit Rucolablättern belegen. Die Birne vierteln, entkernen und in dünne Scheiben schneiden. In den Zitronensaft tauchen und auf den Rucolablättern verteilen.
4. Rote Bete vierteln und auf dem Rucola anrichten. Etwas Sauce darüber verteilen und sofort servieren.

Tipp
Rote Bete können auch in Alufolie gewickelt und direkt auf den Holzkohlen gegart werden. Dazu werden die Folienpakete zwischen die Kohlen geschoben, während der Hauptgang auf dem Grillrost gart. Dadurch wird dort kein Platz verschwendet. Rote Bete einzeln auf ein quadratisches Stück Alufolie legen und mit etwas Olivenöl beträufeln. Mit Pfeffer und Salz würzen und zu einem kleinen Paket in die Folie wickeln. Die Pakete zwischen den Kohlen 15 bis 20 Minuten garen.

VEGETARISCH GRILLEN

AUBERGINEN-KORIANDER-PÂTE

Vorbereitung: 15 Minuten
Zubereitung: 15 Minuten

Für 4 Personen

2 mittelgroße Auberginen
3 Esslöffel Olivenöl
½ Teelöffel Cayennepfeffer
1 Teelöffel Kreuzkümmel,
gemahlen
1 Knoblauchzehe, zerdrückt
Saft einer halben Zitrone
2 Esslöffel frische Koriander-
blätter, gehackt
Salz und frisch gemahlener
schwarzer Pfeffer
getoastetes Brioche- oder
Pita-Brot als Beilage

Ein Kochbuch zu schreiben, ist ein wunderbarer Vorwand, um so oft wie möglich essen zu gehen. Ich sage mir immer, dass dies für meine eigene Inspiration unerlässlich ist. Die Grundlage für dieses Pâte ist ein Auberginen-Dip, den ich in einem mit Michelin-Sternen ausgezeichneten Restaurant in Kent als Teil einer Reihe von edlen Vorspeisen kennen lernte. Er wurde als Aufstrich für winzige getoastete Brioche-Häppchen serviert, die mit Tomatenwürfeln, gerösteten roten Paprika und Kerbelblättern garniert waren. Ich habe daraus ein Pâte gemacht, das mit Brioche-Toast serviert wird und dessen Grundlage das klassische *Baba Ganoush* ist, das aus dem Nahen Osten stammt. Es wird auch als „Arme-Leute-Kaviar" bezeichnet.

Durch das Grillen wird der wunderbar rauchige Geschmack der Auberginen verstärkt – einfach unwiderstehlich!

1. Die Auberginen vom Stiel an längs halbieren. Die Schnittflächen kreuzweise einschneiden. Die Hälfte des Olivenöls mit dem Cayennepfeffer und dem Kreuzkümmel mischen und die Schnittflächen der Auberginen damit bestreichen.
2. Die Auberginenhälften mit der aufgeschnittenen Seite nach oben 10 bis 15 Minuten grillen, bis sie gebräunt sind. Danach wenden und von der anderen Seite goldbraun grillen, bis das Fleisch vollkommen weich ist. Die Auberginen aushöhlen und das Fleisch im Mixer oder von Hand zu einer glatten Masse verarbeiten.
3. Den Knoblauch hinzufügen und nach und nach bei laufendem Mixer oder unter ständigem Rühren den Zitronensaft zugeben. Den Koriander darunter mischen. Mit Pfeffer und Salz abschmecken und mit dem getoasteten Brioche- oder Pita-Brot servieren.

Tipp
Bei diesem Rezept lässt sich der Koriander sehr gut durch frische Minze ersetzen. Man kann aus dem Rezept auch einen wunderbaren Salat machen, indem man 2 entkernte und gehackte Tomaten, 1 gehackte rote Paprika und eine fein gehackte rote Zwiebel hinzufügt.

Kebabs oder Grillspieße

Dieses Kapitel widerspricht dem Vorwurf, dass Vegetarier bei Grillparties immer benachteiligt werden. Es werden vielfältige Möglichkeiten vorgestellt, wie man aus Gemüse verlockende Kebabs herstellen kann.

VEGETARISCH GRILLEN

TOMATEN-KNOBLAUCH-SPIESSE

Vorbereitung: 5 Minuten
Zubereitung: 10 Minuten

Für 4 Personen

2 gelbe Paprikaschoten

400 g Artischockenherzen aus der Dose

12 sehr große Knoblauchzehen

20 Cherrytomaten

16 frische Lorbeerblätter

2 Esslöffel Olivenöl

1 Teelöffel Oregano, getrocknet

1 Esslöffel Balsamessig

Salz und frisch gemahlener schwarzer Pfeffer

Diese Spieße sind definitiv etwas für Knoblauchliebhaber. Wenn Sie dazu nicht gehören, können Sie stattdessen auch Schalotten verwenden. Halten Sie im Supermarkt nach Riesenknoblauch Ausschau; die Schärfe verschwindet beim Grillen und die Zehen werden süßlich. Servieren Sie die Kebabs mit Olivenölbrot, z.B. Focaccia oder Ciabatta.

1. Die Paprikaschoten halbieren, entkernen und in ca. 2,5 cm große, quadratische Stücke schneiden. Die Artischockenherzen abgießen und die Knoblauchzehen schälen.

2. Paprika, Artischockenherzen und Knoblauch mit den Cherrytomaten und den Lorbeerblättern auf acht Spieße stecken. Öl, Oregano, Balsamessig mit Pfeffer und Salz verrühren.

3. Die Kebabs auf den Grill legen und mit der Ölmarinade einpinseln. 8 bis 10 Minuten grillen, dann wenden und nochmals mit der Marinade einpinseln, bis die Haut der Tomaten gebräunt ist. Frisch vom Grill servieren.

Tipp
Italienische Köche bevorzugen getrockneten Oregano, da er aromatischer ist als der frische. Wenn Ihnen der getrocknete zu würzig ist, können Sie ihn durchaus durch frischen ersetzen oder stattdessen Thymian oder Basilikum verwenden. Wenn es Ihnen gelingt, junge Baby-Artischocken einzukaufen (die man im Ganzen essen kann), können Sie diese statt der Dosenvariante verwenden.

Tomaten-Knoblauch-Spieße mit Streifen von Knoblauch-Kräuter-Pizzabrot, siehe Seite 73

VEGETARISCH GRILLEN

PILZSPIESSE MIT THAILÄN-DISCHEN GEWÜRZEN

Vorbereitung: 15 Minuten
Marinieren: 30 Minuten
Zubereitung: 5 Minuten

Für 4 Personen

375 g Shiitake-Pilze

3 Knoblauchzehen

1 Teelöffel thailändische rote
Curry-Paste

2 Esslöffel frische Korianderblätter, gehackt

1 Teelöffel frischer Ingwer,
gerieben

2 Esslöffel helle Sojasauce

1 Esslöffel brauner Rohrzucker

Chili-Gurken-Pickles:

ein 10 cm langes Stück Gurke

½ rote Zwiebel

1–2 kleine rote Chilischoten

4 Esslöffel Reis- oder Cidre-Essig

1 Esslöffel Puderzucker

1 Teelöffel Salz

Am besten eignen sich Shiitake-Pilze für diese Kebabs, man kann sie jedoch auch durch mittelgroße Maronenpilze ersetzen. Achten Sie beim Kauf darauf, dass die rote Curry-Paste keine Garnelenpaste enthält.

1. Die Pilze vierteln und in eine Schüssel geben. Den Knoblauch zerdrücken und mit der roten Curry-Paste, Koriander, Ingwer, Soja-sauce und Rohrzucker vermischen. Die Masse über die Pilze gießen, vorsichtig mischen und 30 Minuten marinieren.
2. Die Gurken längs vierteln. Dann in kleine, schmale, Stücke schnei-den. Die rote Zwiebel fein hacken, die Chilis entkernen und hacken. Essig, Puderzucker und Salz in einer kleinen Schüssel verrühren, bis sich der Zucker auflöst. Gurke, Zwiebel und Chilis dazugeben und gut vermischen.
3. Die Pilze aus der Marinade nehmen und auf Bambusspieße stecken. 5 Minuten grillen, dabei häufig wenden. Sofort mit den Gurken-Pickles servieren.

VEGETARISCH GRILLEN

KARTOFFEL-SCHALOTTEN-SPIESSE MIT KORIANDERPESTO

Vorbereitung: 15 Minuten
Marinieren: 30 Minuten
Zubereitung: 15 bis 20 Minuten

Für 4 Personen

500 g gleich große neue Kartoffeln

250 g Schalotten

1 Knoblauchzehe

½ grüne Chilischote

3 Esslöffel Olivenöl

1 Teelöffel abgeriebene Zitronenschale

Salz und frisch gemahlener schwarzer Pfeffer

Korianderpesto:

30 g frische Korianderblätter

15 g Walnüsse

1 Knoblauchzehe

3 Esslöffel Olivenöl

Kartoffeln und Zwiebeln passen hervorragend zusammen, und Gerichte in dieser Kombination gibt es auf der ganzen Welt. In diesem Rezept werden Schalotten verwendet, die Kebabs kann man jedoch auch aus gevierteltem Zwiebeln herstellen. Besonders rote Zwiebeln eignen sich gut wegen ihres milden Geschmacks. Verwenden Sie Metallspieße – sie leiten die Hitze bis ins Innere der Kartoffeln und sorgen so für ein gleichmäßiges Garen. Meine Empfehlung ist, das Gemüse 30 Minuten zu marinieren, aber wenn Sie es eilig haben, reichen auch 15 Minuten.

1. Die Kartoffeln waschen und in einem mittelgroßen Topf 5 Minuten kochen. Für die letzten 2 Minuten die Schalotten zugeben, anschließend abgießen und die Schalotten schälen.
2. Den Knoblauch zerkleinern, die Chilischote entkernen und hacken und mit Öl, Zitronenschale und reichlich Gewürzen vermischen. Die Marinade über das Gemüse gießen und 30 Minuten stehen lassen.
3. Inzwischen die Korianderblätter zusammen mit den Walnüssen und dem Knoblauch mit dem Mixer oder in der Küchenmaschine zerkleinern. Dann bei laufendem Mixer nach und nach das Öl zugeben, bis eine dicke Paste entsteht. Mit Pfeffer und Salz abschmecken und in eine Servierschale umfüllen.
4. Die Kartoffeln und die Schalotten auf Spieße stecken. Die Kebabs 15 bis 20 Minuten grillen bis sie gar sind, dabei gelegentlich wenden und mit der Marinade bestreichen. Mit Korianderpesto servieren.

Tipp
Wenn die Zeit knapp ist, kann man statt Korianderpesto auch fertig gekauftes Pesto verwenden.

VEGETARISCH GRILLEN

MAIS-ZWIEBEL-SPIESSE MIT SESAMÖL

Vorbereitung: 15 Minuten
Marinieren: 30 Minuten
Zubereitung: ca. 15 Minuten

Für 4 Personen

4 Maiskolben
4 mittelgroße rote Zwiebeln
185 g Brokkoli
1 Knoblauchzehe
2 Esslöffel Olivenöl
2 Esslöffel Teriyaki-Sauce
1 Esslöffel Sesamöl
Saft einer Zitrone
Salz und frisch gemahlener schwarzer Pfeffer
frisch gekochter Jasminreis als Beilage

Sesamöl ist eine sehr aromatische und wohlriechende Zutat, die in keinem Haushalt fehlen sollte. Es duftet wundervoll, wenn man Gemüse während des Grillens damit bestreicht. In diesem Rezept dient das Sesamöl dazu, einer einfachen Marinade aus handelsüblicher Teriyaki-Sauce einen besonderen Charakter zu verleihen. Meine Empfehlung ist, die Kebabs 30 Minuten zu marinieren, aber wenn Sie es eilig haben, reichen auch 15 Minuten.

1. Die Umhüllung von den Maiskolben entfernen und jeden Kolben in vier Stücke teilen. Die Zwiebeln vierteln und den Brokkoli in Röschen zerteilen. Mais und Brokkoli in einem großen Topf mit kochendem Wasser 2 Minuten blanchieren. Abgießen und mit kaltem Wasser abspülen, anschließend gut abtropfen lassen.
2. Den Mais, die geviertelten Zwiebeln und den Brokkoli auf Spieße stecken. Die Kebabs in eine flache Schüssel legen.
3. Den Knoblauch in einer kleinen Schüssel zerdrücken. Mit Olivenöl, Teriyaki-Sauce, Sesamöl, Zitronensaft mischen und mit Pfeffer und Salz würzen. Diese Mischung über die Spieße gießen und 30 Minuten ziehen lassen, dabei gelegentlich wenden.
4. Die Kebabs ca. 15 Minuten grillen, regelmäßig wenden und mit der restlichen Marinade einpinseln, bis das Gemüse leicht gebräunt ist. Mit frisch gekochtem Jasminreis servieren.

VEGETARISCH GRILLEN

GEWÜRZTE WURZELGEMÜSE-SPIESSE MIT RHABARBER-ZWIEBEL-CHUTNEY

Vorbereitung: 10 Minuten
Zubereitung: 30 Minuten

Für 4 Personen

500 g verschiedene Wurzelge-müse, z. B. Möhren, Pastinaken, neue Kartoffeln und weiße Kohl-rüben
8 große Frühlingszwiebeln
1 Esslöffel Biryani- oder scharfe Curry-Paste
1 Teelöffel Tomatenmark
2 Esslöffel Sonnenblumenöl
Salz und frisch gemahlener schwarzer Pfeffer

Rhabarber-Zwiebel-Chutney:
250 g Rhabarber
1 mittelgroße Zwiebel
1 Esslöffel Sonnenblumenöl
1 Teelöffel weiße Senfkörner
½ Teelöffel Kurkuma, gemahlen
30 g Rosinen
125 ml Cidre-Essig
90 g brauner Rohrzucker

Es ist immer gut, etwas qualitativ hochwertige Biryani-Paste vor-rätig zu haben. Man kann z. B. Grillgemüse damit bestreichen, wie in diesem Rezept beschrieben. Wenn Sie es etwas schärfer mögen, verwenden Sie am besten scharfe Curry-Paste. Achten Sie jedoch beim Kauf auf Qualität. Servieren Sie diese Kebabs auf einem Reispilaw-Bett oder mit einer Beilage aus Couscous-Salat mit gegrilltem Gemüse (siehe Seite 59).

1. Zunächst wird das Chutney zubereitet. Dazu den Rhabarber und die Zwiebeln in Stücke schneiden. Das Öl in einem kleinen Topf erhitzen und die Zwiebeln darin 3 Minuten anbraten. An-schließend Rhabarber, Senfkörner, Kurkuma, Rosinen, Cidre-Essig und Zucker zugeben. Aufkochen und weitere 20 Minuten ohne Deckel leicht kochen, bis die Masse eindickt. In eine Servierschale umfüllen.
2. In der Zwischenzeit die Wurzelgemüse in 5 cm große Würfel schneiden und in kochendem Wasser 5 Minuten blanchieren. Ab-gießen und mit kaltem Wasser abspülen.
3. Das Gemüse und die Frühlingszwiebeln auf Metallspieße ste-cken. Die Biryani- oder Curry-Paste mit dem Tomatenmark und dem Sonnenblumenöl mischen, mit Pfeffer und Salz würzen und das Gemüse mit der Mischung bestreichen.
4. Die Gemüsespieße 10 Minuten grillen und regelmäßig wenden, bis sie gar und goldbraun sind. Mit dem Chutney sofort servieren.

Tipp
Wenn Sie nicht genug Zeit haben, das Chutney selbst zuzubereiten, verwenden Sie stattdessen ein gutes Mango-Chutney.

VEGETARISCH GRILLEN

KÜRBIS-SELLERIE-SPIESSE MIT ZIMT-LIMONEN-BUTTER

Vorbereitung: 10 Minuten
Zubereitung: ca. 20 Minuten

Für 4 Personen

375 g Kürbis
375 g Knollensellerie
60 g Butter
1 Esslöffel flüssiger Honig
Saft und abgeriebene Schale
von einer Limette
½ Teelöffel Zimt, gemahlen
Salz und frisch gemahlener
schwarzer Pfeffer

Zu Halloween ist bei uns das ganze Haus voll von ausgehöhlten Kürbissen. Das fordert meine Kreativität jedes Jahr aufs Neue heraus, aus dem ausgeschabten Kürbisfleisch etwas zu kochen, da ich es nicht übers Herz bringe, es einfach wegzuwerfen. Dass Kürbis und Sellerie gut zusammenpassen, stellte ich zum ersten Mal fest, als ich sie zusammen für eine Suppe verwendete. Die Süße des Kürbis wird durch den herberen Geschmack des Selleries ausgeglichen.

1. Kürbis und Sellerie schälen und in 5 cm große Würfel schneiden. In einem mittelgroßen Topf Wasser zum Kochen bringen und das Gemüse darin 5 Minuten kochen, danach abgießen und mit kaltem Wasser abspülen.
2. In einem kleinen Topf die Butter mit dem Honig zerlassen. Schale und Saft der Limette mit dem Zimt unterrühren und mit Pfeffer und Salz würzen.
3. Die Gemüsewürfel auf Spieße stecken und mit der Butter bestreichen. 15 Minuten grillen, dabei regelmäßig wenden und mit Butter bestreichen, bis das Gemüse weich und goldbraun ist.

Tipp
Für diese Kebabs kann man im Prinzip alle Sorten von Wurzelgemüse in beliebiger Kombination verwenden, probieren Sie z. B. Süßkartoffeln, weiße Kohlrüben und Pastinaken.

VEGETARISCH GRILLEN

TOFU-GEMÜSE-SATAY

Vorbereitung: 15 Minuten
Marinieren: 1 Stunde
Zubereitung: 15 Minuten

Für 4 Personen

500 g Tofu im Stück
1 mittelgroße Möhre
1 mittelgroße Zucchini

Marinade:
2 Teelöffel Kreuzkümmel,
gemahlen
4 Esslöffel dunkle Sojasauce
2 Esslöffel Rotweinessig
2 Esslöffel heller Roh-
rohrzucker
Erdnuss-Satay-Sauce zum
Servieren (siehe Seite 81)

Zum Garnieren:
Limettenscheiben
glatte Petersilie

Für klassische Satay-Spieße wird das Fleisch in kleine Stücke geschnitten und mit Zucker, Gewürzen und etwas Sojasauce mariniert, damit es schnell durchbrät und dabei nicht austrocknet. Bei diesem Rezept werden dünne Zucchini- und Möhrenstreifen um die marinierten Tofustücke gewickelt. Dazu wird die klassische Erdnusssauce serviert, um den Original-Geschmack zu imitieren. Meine Empfehlung ist, den Tofu eine Stunde zu marinieren, aber wenn Sie es eilig haben, reichen auch 30 Minuten.

1. Den Tofu in 4 cm große Würfel schneiden und in eine flache Schale geben. Für die Marinade Kreuzkümmel, Sojasauce, Essig und Zucker vermischen und über den Tofu gießen. Abdecken und eine Stunde kühl stellen, dabei gelegentlich wenden.
2. Kurz vor dem Servieren die Enden der Möhre und der Zucchini entfernen und mit einem Gemüseschäler dünne Streifen abschälen. Um jeden Tofuwürfel einen Möhren- oder Zucchinistreifen wickeln und alles auf Metallspieße stecken.
3. Die Kebabs 5 bis 10 Minuten grillen und gelegentlich wenden, bis das Gemüse goldbraun ist. Mit Limettenscheiben und Petersilie garnieren und mit der Erdnuss-Sauce servieren.

VEGETARISCH GRILLEN

AUBERGINEN-RÄUCHER-TOFU-KEBABS

Vorbereitung: 10 Minuten
Zubereitung: ca. 15 Minuten

Für 3 bis 4 Personen

1 große Aubergine
250 g geräucherter Tofu im Stück
12 frische Lorbeerblätter
1 Teelöffel Kreuzkümmel, ganz
2 Chilischoten, getrocknet
3 Esslöffel Sonnenblumenöl

Während meiner Arbeit als Redakteurin für die Zeitschrift *Vegetarian Good Food* hat es mir am meisten Freude gemacht, die Gerichte zu probieren, die vor der Veröffentlichung der Rezepte in der Testküche zubereitet wurden. Die Grundlage für dieses Rezept ist mittlerweile zu einem Familien-Lieblingsessen geworden. Die Erfinderin ist die Kochbuchautorin Rosemary Stark. Sie servierte die Kebabs auf einem Linsen-Dal mit Kokos und Limette – diese Kombination ist einfach großartig in Geschmack, Farbe und Beschaffenheit. Die Grill-Variante wird mit Rucola, gegrillten roten Paprikaschoten und karamellisierten Schalotten (siehe Seite 62) oder mit Erdnuss-Satay-Sauce (siehe Seite 81) serviert.

1. Aubergine und Tofu in 5 cm große Würfel schneiden und abwechselnd mit den Lorbeerblättern auf Bambusspieße stecken.
2. Den Kreuzkümmel und die Chilis in einer kleinen, heißen Pfanne 30 Sekunden rösten, dann das Öl zugeben und die Pfanne von der Kochstelle nehmen. 5 Minuten ziehen lassen.
3. Die Spieße mit dem Öl einpinseln und 15 Minuten grillen, dabei regelmäßig wenden, bis der Tofu knusprig und goldbraun und die Aubergine leicht gebräunt ist. Die Kebabs sofort servieren.

Tipp
Statt Räuchertofu kann man auch einfachen Tofu verwenden und ihn mit einer Mischung aus Sojasauce und Sherry (zu gleichen Teilen) marinieren. Eine Stunde ziehen lassen, abgießen und mit saugfähigem Küchenkrepp trocken tupfen. Weiter wie oben beschrieben.

VEGETARISCH GRILLEN

AUBERGINEN-MOZZARELLA-RÖLLCHEN

Vorbereitung: 15 Minuten
Zubereitung: 9 bis 11 Minuten

Für 4 Personen

1 große oder 2 kleine Auberginen
3 Esslöffel Olivenöl
2 Esslöffel Tomatenmark
aus getrockneten Tomaten
375 g Mozzarella
24 große, frische Basilikumblätter
Salz und frisch gemahlener
schwarzer Pfeffer

Melanzane Parmigiano ist eines meiner Lieblingsabendsnacks. Es besteht aus gebratenen Auberginenscheiben, Tomaten und Mozzarella, die zusammen gegart werden, so dass sich der Geschmack der einzelnen Zutaten gut miteinander verbindet. Diese Kebabs werden aus den gleichen Zutaten hergestellt und erhalten durch das Grillen noch zusätzliches Aroma. Während des Grillens sollte man aufpassen, dass nichts durch den Rost fällt, da der Mozzarella sehr schnell zerläuft.

1. Die Aubergine längs in acht ca. 5 mm dünne Scheiben schneiden und anschließend nochmals quer halbieren. Die Scheiben mit der Hälfte des Olivenöls einpinseln und 2 Minuten von jeder Seite grillen, bis sie leicht gebräunt sind. 5 Minuten abkühlen lassen.
2. Jede Auberginenscheibe mit etwas Tomatenmark bestreichen. Den Mozzarella in 16 Streifen schneiden und in die Mitte jeder Auberginenscheibe eine Scheibe Mozzarella und ein Basilikumblatt legen und kräftig würzen. Zu kleinen Paketen aufrollen und die Röllchen mit vier Spießen zusammenstecken.
3. Die Röllchen mit dem restlichen Öl einpinseln. 5 bis 7 Minuten grillen und dabei gelegentlich wenden, bis die Auberginen gebräunt sind.

Käse, Hülsenfrüchte und Tofu

*D*ieses Kapitel enthält eine Rezeptmischung, die ich der Zweckmäßigkeit wegen zu einer Gruppe zusammengefasst habe. Ob Käse, Hülsenfrüchte oder Tofu – sie ergeben alle ausgezeichnete Grill- Hauptgerichte.

VEGETARISCH GRILLEN

RADICCHIO MIT MOZZARELLA-FÜLLUNG UND EINEM RELISH AUS SCHWARZEN OLIVEN

Vorbereitung: 15 Minuten
Zubereitung: 7 bis 8 Minuten

Für 4 Personen

4 mittelgroße Radicchio-Köpfe
125 g Büffel-Mozzarella
2 Esslöffel extra natives Olivenöl

Oliven-Relish:
60 g schwarze Oliven, entsteint
4 getrocknete Tomaten in Öl, abgegossen
1 Schalotte
4 Esslöffel frische glatte Petersilie, gehackt
1 Teelöffel Kapern
2 Esslöffel extra natives Olivenöl
Salz und frisch gemahlener schwarzer Pfeffer

Radicchio hat einen relativ scharfen bzw. bitteren Geschmack, der aber durch das Grillen milder wird. Am besten eignen sich die runden Köpfe für dieses Rezept, da sie leichter zu füllen sind. Eigentlich ist Radicchio eine Chicorée-Art. Wenn Sie also keinen Radicchio bekommen, ist Chicorée eine sinnvolle Alternative.

1. Die Radicchio-Köpfe 2 bis 3 Minuten in kochendem Wasser blanchieren. Mit einem Schaumlöffel herausnehmen und mit saugfähigem Küchenkrepp trocken tupfen. Mit Olivenöl einpinseln und 10 Minuten stehen lassen.

2. Inzwischen das Relish zubereiten. Oliven, getrocknete Tomaten und Schalotten fein hacken. Mit Petersilie, Kapern, Öl mischen und kräftig mit Pfeffer und Salz würzen. Das Relish in eine Servierschale geben und beiseite stellen.

3. Den Mozzarella in vier Würfel schneiden. Vorsichtig die Radicchio-Köpfe öffnen und in jeden Kopf einen Würfel Mozzarella platzieren. Die Blätter wieder schließen, damit der Käse gut verpackt ist. Anschließend 5 Minuten grillen, bis die Köpfe leicht gebräunt sind und die Blätter schlaff werden.

Frisch aufgeschnittener Radicchio mit Mozzarella-Füllung und Relish aus schwarzen Oliven.

VEGETARISCH GRILLEN

MARINIERTE TOFU-STEAKS MIT PFLAUMENSAUCE NACH PEKING-ART

Vorbereitung: 10 Minuten
Marinieren: 24 Stunden
Zubereitung: 7 bis 11 Minuten

Für 4 Personen

315 g Tofu im Stück
1 Teelöffel Szechuan-Pfeffer-
körner
1 Teelöffel Salz
1 Teelöffel frischer Ingwer, gerie-
ben
½ Teelöffel China-Gewürz
(Mischung aus Anis, Fenchel,
Nelke, Zimt, Szechuan-Pfeffer)
1 Esslöffel Honig
1 Esslöffel Reiswein oder trocke-
ner Sherry
1 Teelöffel Sesamöl
1 Esslöffel helle Sojasauce

Zum Servieren:
6 Frühlingszwiebeln
ein 10 cm langes Stück Gurke
fertig gekaufte Pflaumensauce
8 chinesische Eierkuchen

Ich liebe den Geschmack von Peking-Ente – diese angenehme Ausgewogenheit von süß und sauer, knusprig und weich, wie sie von dem Gemüse, den Eierkuchen und der süßen Pflaumensauce ausgeht. Tofu nimmt den Geschmack der klassischen Marinade gut auf und wird beim Grillen schön knusprig. Vegetarier müssen also auf dieses Gericht, das eigentlich auf Ente basiert, nicht verzichten. Chinesische Eierkuchen gibt es in vielen Supermärkten.

1. Den Tofu in vier Streifen schneiden und in eine flache Schüssel geben. Die Pfefferkörner in einer Pfanne ohne Fett 1 Minute rösten.
2. Die Szechuan-Pfefferkörner im Mörser zerkleinern. Dann mit Salz, Ingwer, China-Gewürz, Honig, Reiswein oder trockenem Sherry, Sesamöl und heller Sojasauce mischen. Über den Tofu gießen und, wenn möglich, 24 Stunden marinieren.
3. Bevor der Tofu gegrillt wird, die Frühlingszwiebeln klein schneiden. Die Gurke schälen und in kleine Streifen schneiden.
4. Den Tofu aus der Marinade nehmen und 3 bis 4 Minuten von jeder Seite grillen, dabei mit der Marinade bestreichen, bis der Tofu goldbraun ist. Vom Grill nehmen und in dünne Streifen schneiden.
5. Zum Schluss die Eierkuchen mit etwas Pflaumensauce bestreichen und mit Tofu, Frühlingszwiebeln und Gurke belegen. Zusammenrollen und servieren.

Tipp
Szechuan-Pfefferkörner gibt es in guten Supermärkten und in Asia-Shops. Als Ersatz kann man jedoch auch schwarze Pfefferkörner verwenden.

VEGETARISCH GRILLEN

GEGRILLTE HALLOUMI-STREIFEN

Vorbereitung: 15 Minuten
Marinieren: über Nacht
Zubereitung: 10 bis 12 Minuten

Für 4 Personen

500 g Halloumi-Käse

1 Limette

frischer Ingwer, ca. 2,5 cm

1 Knoblauchzehe

3 Esslöffel frische Korianderblätter, gehackt

3 Esslöffel Olivenöl

Salz und frisch gemahlener
schwarzer Pfeffer

Halloumi ist ein griechischer Käse, von geschmeidiger Konsistenz, ähnlich wie Mozzarella. Er schmilzt und läuft jedoch nicht wie dieser, sondern behält beim Garen seine Form und ist dadurch ideal zum Grillen. Obwohl er eher wenig Eigengeschmack besitzt, nimmt er fremde Aromen gut auf und schmeckt wunderbar mit einer würzigen Marinade, wie z. B. der hier verwendeten aus Limetten und Ingwer. Dazu passt Rucola mit gegrillten roten Paprika und karamellisierten Schalotten (Seite 62).

1. Den Käse in acht dünne Scheiben schneiden und in einer Schicht in eine große, flache Schüssel legen.
2. Die Limettenschale fein raspeln und den Saft auspressen. Ingwer und Knoblauch schälen und fein hacken. Limettenschale und -saft mit Ingwer, Knoblauch, Koriander, Olivenöl und Gewürzen mischen. Die Marinade über den Halloumi-Käse gießen und mindestens 12 Stunden ziehen lassen.
3. Den Käse aus der Marinade nehmen und 10 bis 12 Minuten grillen, dabei regelmäßig wenden und mit der Marinade bestreichen, bis der Käse goldbraun wird.

VEGETARISCH GRILLEN

GEWÜRZTE KÖFTE AUS ROTEN BOHNEN MIT MANGO-KOKOS-CHUTNEY

Vorbereitung: 20 Minuten
Zubereitung: 9 bis 11 Minuten

Für 4 Personen

400 g rote Kidneybohnen aus der
Dose, gut abgetropft
1 Teelöffel Garam Masala
½ Teelöffel Koriander, gemahlen
¼ Teelöffel Kreuzkümmel,
gemahlen
½ kleine Zwiebel
1 Knoblauchzehe
½ grüne Chilischote
2 Esslöffel Olivenöl
Salz und frisch gemahlener
schwarzer Pfeffer

Mango-Kokos-Chutney:
1 grüne Chilischote
4 Esslöffel Kokosmark, getrocknet und ungesüßt
4 Esslöffel frische Korianderblätter, gehackt
frischer Ingwer, ca. 3,5 cm
1 Knoblauchzehe
1 Esslöffel frischer Limettensaft
1 kleine reife Mango
glatte Petersilie zum Garnieren

Köfte kommen aus Indien und sind kleine gewürzte Bällchen aus Fleisch, Pigeonerbsen oder Gemüse. In diesem Rezept werden sie aus roten Kidneybohnen hergestellt und eignen sich hervorragend zum Grillen. Man kann sie mit diesem scharfen Mango-Kokos-Chutney, einem grünen Salat und reichlich indischem Fladenbrot oder weichen Weizenmehl-Tortillas servieren.

1. Die Bohnen zusammen mit Garam Masala, Koriander und Kreuzkümmel in eine Schüssel geben. Zwiebel und Knoblauch fein hacken. Die Chili entkernen und ebenfalls fein hacken.
2. Das Öl in einer kleinen Pfanne erhitzen und Zwiebel, Knoblauch und Chili darin 3 Minuten anbraten. Diese Mischung reichlich mit Pfeffer und Salz würzen, zu den Bohnen geben und alles zu einem Brei verarbeiten. Aus der Masse 16 Bällchen formen und diese auf kleine Holzspieße stecken.
3. Für das Chutney die Chili entkernen und grob hacken. Zusammen mit Kokosmark, Koriander, Ingwer, Knoblauch und Limettensaft in der Küchenmaschine oder mit dem Mixer zu einer glatten Masse verarbeiten. Nach Geschmack salzen.
4. Die Mango schälen. Das Fleisch vom Kern abtrennen, in kleine Würfel schneiden und in eine Servierschale geben. Die Kokosmischung über die Mango gießen und alles gut mischen.
5. Die Köfte-Spieße auf dem heißen Grill 6 bis 8 Minuten garen und dabei regelmäßig wenden. Mit der Petersilie garnieren und sofort mit Mango-Kokos-Chutney und warmem indischen Fladenbrot servieren.

VEGETARISCH GRILLEN

PILZ-MÖHREN-PUFFER
MIT FETA-KÄSE

Vorbereitung: 15 Minuten
Zubereitung: 18 bis 23 Minuten

Für 4 Personen

1 mittelgroße Zwiebel

2 Knoblauchzehen

375 g Maronenpilze

375 g Möhren

2 Esslöffel Olivenöl

125 g frische Vollkorn-Brotkrumen

90 g Feta-Käse

3 Esslöffel frischer Basilikum,
gehackt

2 Esslöffel frischer Thymian,
gehackt

Salz und frisch gemahlener
schwarzer Pfeffer

2 Eier

Die Grundlage für dieses Pufferrezept stammt aus dem *Moosewood Cookbook* von Mollie Katzen. Dieses wunderbare Kochbuch kaufte ich bei meinem ersten Besuch in New York vor über 20 Jahren. Damals steckte die vegetarische Küche noch in den Kinderschuhen und bestand hauptsächlich aus Linsen und Nüssen. Das *Moosewood Cookbook* mit seinen einfallsreichen Salaten, wunderbaren Brotrezepten und wirklich inspirierenden Alternativen zu Fleischgerichten wurde meine erste „Vegetarier-Bibel", die ich heute noch als Anregung oder zum Hervorholen alter Lieblingsgerichte benutze.

1. Die Zwiebel und den Knoblauch fein hacken. Die Pilze säubern und ebenfalls fein hacken. Die Möhren raspeln. Wer Zeit sparen möchte, kann für diese Arbeiten eine Küchenmaschine verwenden.
2. Das Öl in einer großen Pfanne erhitzen und die Zwiebel und den Knoblauch darin 3 Minuten anbraten, jedoch nicht bräunen. Die Pilze dazugeben und alles weitere 5 Minuten garen.
3. Die geraspelten Möhren mit den Brotkrumen in eine große Schüssel geben. Den Feta zerbröckeln und mit den Pilzen ebenfalls in die Schüssel geben. Basilikum, Thymian hinzufügen, und alles sorgfältig vermischen. Mit Pfeffer und Salz abschmecken. Die Eier verquirlen und unterrühren, um die Masse zu binden.
4. Aus der Mischung vier flache Puffer formen.
5. Mit einem Fischmesser oder Spatel die Puffer auf den Grill legen und 10 bis 15 Minuten grillen. Dabei regelmäßig wenden, bis die Puffer goldbraun sind. Mit einem grünen Blattsalat servieren.

Tipp
Zum Einfrieren die Puffer auf ein mit Backpapier ausgelegtes Blech legen. Anschließend gut verpacken und beschriften. Die Puffer können tiefgekühlt bis zu einem Monat gelagert werden. Vor dem Verzehr vollständig auftauen und wie oben beschrieben garen.

VEGETARISCH GRILLEN

GEGRILLTER ZIEGENKÄSE MIT KRÄUTER-FOCACCIA

Vorbereitung: 10 Minuten
Zubereitung: ca. 4 Minuten

Für 1 Person

1 kleine Knoblauchzehe

1 Frühlingszwiebel

60 g frischer Ziegenkäse

2 Esslöffel frische, gehackte
Kräuter, z.B. Basilikum, Schnittlauch, Majoran und glatte Petersilie

Salz und frisch gemahlener
schwarzer Pfeffer

1 Stück Focaccia-Brot,
ca. 10 x 10 cm

1 Esslöffel extra natives Olivenöl

1 reife Eiertomate

Dies ist eigentlich nur ein besserer Grill-Sandwich, der jedoch wunderbar schmeckt. Da es heutzutage kein Problem mehr ist, Brotspezialitäten von exzellenter Qualität im Supermarkt zu kaufen, sollte dieses Rezept relativ leicht zuzubereiten sein. Ich nehme am liebsten einfache Rosmarin-Focaccia. Man kann jedoch jedes andere italienische Brot in beliebiger Geschmacksrichtung verwenden – von Mozzarella und Knoblauch bis zu getrockneten Tomaten und Kräutern. Wählen Sie für dieses Rezept einen frischen, weichen Ziegenkäse, der sich auch gut als informelle Vorspeise eignet, wenn man ihn in Streifen schneidet und mit den Fingern isst, statt mit Messer und Gabel.

1. Knoblauch und Frühlingszwiebel fein hacken. Mit dem Käse und den Kräutern in eine Schüssel geben. Mit Pfeffer und Salz kräftig würzen und die Zutaten sorgfältig zu einer Masse verarbeiten.
2. Das Focaccia-Brot quer halbieren und die Schnittflächen mit Olivenöl beträufeln. Die Tomaten in Scheiben schneiden. Eine Brothälfte mit der Käsemischung bestreichen und mit den Tomatenscheiben belegen. Die andere Brothälfte obenauf legen und kräftig zusammendrücken, damit der Sandwich etwas flacher wird.
3. Den Focaccia-Sandwich 2 Minuten von jeder Seite grillen, bis der Käse geschmolzen und das Brot goldbraun und knusprig ist. Darauf achten, dass das Brot nicht verbrennt, bevor der Belag heiß ist. Sofort servieren.

Tipp
Diesen Sandwich kann man mit allen möglichen Zutaten belegen, ein gut schmelzender Käse eignet sich allerdings am besten. Probieren Sie z.B. Mozzarella und gegrillte Paprikaschoten oder Feta mit schwarzer Olivenpaste und Artischocken.

VEGETARISCH GRILLEN

GEGRILLTE PAPRIKASCHOTEN UND NEUE KARTOFFELN MIT GESCHMOLZENEM FONTINA

Vorbereitung: 20 Minuten
Zubereitung: 20 bis 25 Minuten

Für 4 Personen

2 große rote Paprikaschoten
2 große gelbe Paprikaschoten
750 g kleine neue Kartoffeln
3 Esslöffel Olivenöl
1 Esslöffel frischer Thymian, gehackt
1 Esslöffel körniger Senf
185 g Fontina-Käse
Salz und frisch gemahlener schwarzer Pfeffer

Zu diesem Rezept wurde ich während eines Skiurlaubs inspiriert, den ich kürzlich in der Region Haute Savoie in Frankreich verbrachte. Mit Käse überbackene Gerichte und große Mengen Kohlenhydrate in Form von Brot oder Kartoffeln sind ein angenehmer Trost für müde Skifahrer mit blauen Flecken – zumindest bin ich dann meistens in einem solchen Zustand. Und das ist natürlich ein willkommener Anlass für ein köstliches Essen, das mit viel Glühwein „heruntergespült" werden muss. Zwar scheint dieses Gericht etwas zu schwer für warme Sommerabende, aber die Zugabe von süßlichen Paprika sorgt für Ausgleich. Außerdem wurde die Käsemenge reduziert, um Magenprobleme zu vermeiden! Der Käse wird erst ganz zum Schluss geschmolzen und über das Gemüse verteilt. Gut eignet sich ein schweres Backblech oder eine Grillpfanne.

1. Die Paprikaschoten halbieren, entkernen und vierteln. Die Kartoffeln in einem Topf mit kochendem Wasser 8 Minuten kochen und anschließend abgießen.

2. Während die Kartoffeln kochen, das Olivenöl mit dem Thymian und dem Senf mischen. Diese Mischung über die Kartoffeln gießen und alles 5 Minuten stehen lassen.

3. Kartoffeln und Paprika auf Metallspieße stecken, mit dem restlichen Öl einpinseln und 10 bis 15 Minuten grillen, bis die Kartoffeln goldbraun und die Paprika leicht gebräunt sind. Paprika und Kartoffeln von den Spießen abstreifen, in eine flache Servierschale füllen und warm halten.

4. Den Käse in dünne Scheiben schneiden. Ein Backblech oder eine große flache Pfanne auf dem Grill erhitzen und den Käse auf die heiße Oberfläche legen. Sobald er beginnt zu schmelzen, den Käse abschaben und auf das Gemüse legen. Sofort mit knusprigem Brot oder Knoblauch-Kräuter-Pizzabrot (siehe Seite 73) servieren.

Tipp
Wenn Sie keinen Fontina bekommen, verwenden Sie eine andere Sorte, die gut zerläuft, so dass man sie vom Blech oder von der Pfanne abschaben kann. Probieren Sie z. B. Emmentaler.

VEGETARISCH GRILLEN

FELAFEL IN PITA-TASCHEN MIT TAHINA-MINZE-DRESSING

Vorbereitung: 20 Minuten
Zubereitung: 6 Minuten

Für 4 Personen

2 x 400 g Kichererbsen aus der
Dose, abgegossen

60 g frische Vollkorn-Brotkrumen

2 Knoblauchzehen

1 kleine rote Chilischote (kann
weggelassen werden)

1 Stange Sellerie

2 Frühlingszwiebeln

2 Teelöffel Kreuzkümmel,
gemahlen

2 Teelöffel Koriander, gemahlen

¼ Teelöffel Kurkuma

2 Esslöffel Olivenöl

Salz und frisch gemahlener
schwarzer Pfeffer

Joghurt-Dressing:

6 Esslöffel griechischer Joghurt

2 Esslöffel frische Minze, gehackt

1 Esslöffel Tahina (Sesampaste)

Als Beilage:

4 Stück Pita-Brot

Tomaten-Gurken-Salat

Diese kleinen, würzigen Bällchen eignen sich sehr gut zum Grillen. Als Beilage passen Couscous-Salat mit gegrilltem Gemüse (siehe Seite 59), Auberginen-Koriander-Pâte (siehe Seite 21) und gefüllte Weinblätter mit Feta und eingelegten Oliven (nebenstehend).

1. Die Kichererbsen mit den Brotkrumen in die Küchenmaschine geben.

2. Den Knoblauch zerkleinern und die Chilischote entkernen und hacken (sofern sie verwendet wird). Den Sellerie und die Frühlingszwiebeln in kleine Stücke schneiden und alle Zutaten zu den Kichererbsen geben. Zu einer glatten Masse verarbeiten, anschließend Kreuzkümmel, Koriander und Kurkuma hinzufügen und nochmals pürieren.

3. Aus der Masse acht kleine Puffer formen und 15 Minuten kühl stellen.

4. Inzwischen das Joghurt-Dressing bereiten. Nach und nach den Joghurt und die Minze in die Tahina rühren. Nach Geschmack mit Pfeffer und Salz würzen und beiseite stellen.

5. Die Felafel auf dem heißen Grill 3 Minuten von jeder Seite braten, bis sie goldbraun sind. Das Pita-Brot am Rand des Grills anwärmen, halbieren und die Taschen öffnen.

6. Vor dem Servieren ein paar Felafel-Bällchen in jede Pita-Tasche stecken und mit etwas Dressing beträufeln. Sofort servieren und dazu einen Tomaten-Gurken-Salat reichen.

Tipp

Tahina neigt dazu, während der Lagerung Öl abzusondern. Vor Entnahme der benötigten Menge sollte die Paste deshalb umgerührt werden, um das abgesetzte Öl wieder unterzumischen.

VEGETARISCH GRILLEN

GEFÜLLTE WEINBLÄTTER MIT FETA UND MARINIERTEN OLIVEN

Vorbereitung: 15 Minuten
Zubereitung: 4 bis 6 Minuten

Für 4 Personen

150 g Feta-Käse

60 g eingelegte schwarze Oliven, entsteint

1 Knoblauchzehe

1 Teelöffel Kapern

2 Esslöffel frischer Majoran oder Basilikum, gehackt

frisch gemahlener schwarzer Pfeffer

16 große Weinblätter in Salzlake, abgegossen

2 Esslöffel Olivenöl

Weinblätter können manchmal etwas unangenehm und zäh in der Konsistenz sein, so dass ich sie als Vorspeise meistens nicht sehr mag. Durch ihren säuerlichen Geschmack und die feste Konsistenz eignen sie sich jedoch hervorragend als Umhüllung für Gegrilltes. Mit einer Füllung aus aromatischem Käse verwandeln sie sich in kleine Leckerbissen. Da sie sehr salzig sind, sollte die Füllung nicht extra gesalzen werden. Für dieses Rezept verwende ich gern eingelegte Oliven in Olivenöl mit Knoblauch und Zitrone.

1. Den Feta in kleine Würfel schneiden und Oliven, Knoblauch und Kapern grob hacken. Mit dem Majoran oder Basilikum und reichlich frisch gemahlenem Pfeffer würzen.
2. Die Weinblätter abspülen, mit saugfähigem Küchenkrepp abtupfen und paarweise überlappend anordnen. Mit Olivenöl einpinseln und die Käsemischung jeweils in die Mitte der beiden Blätter geben. Die Enden der Weinblätter einschlagen und mit hölzernen Cocktailspießen feststecken. Nochmals mit Olivenöl einpinseln.
3. Die Röllchen 2 bis 3 Minuten von jeder Seite grillen, bis sie leicht gebräunt sind. Die Cocktailspieße entfernen und die Weinblätter servieren.

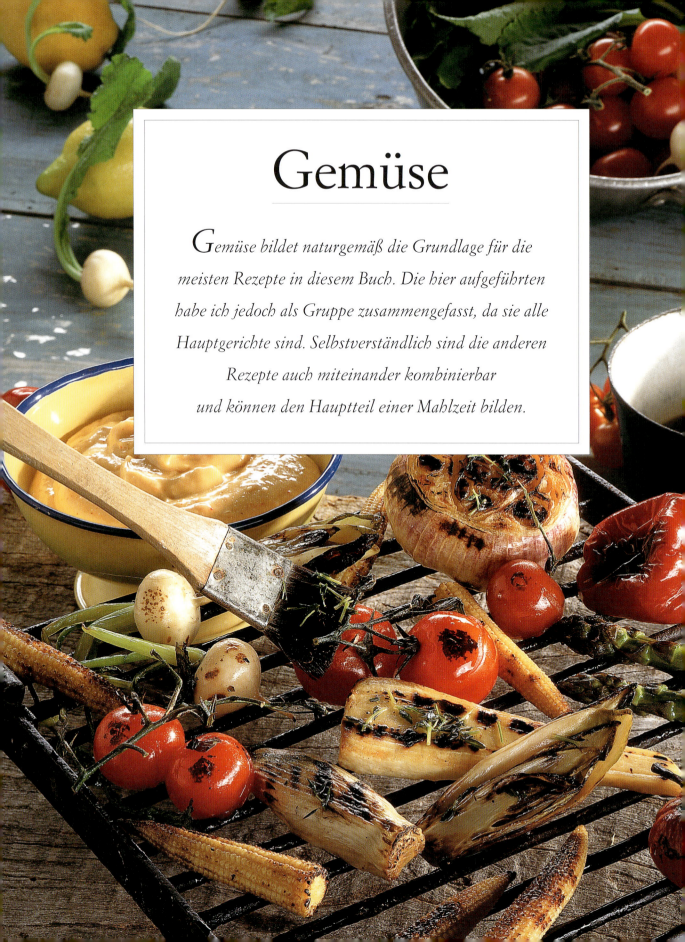

Gemüse

Gemüse bildet naturgemäß die Grundlage für die meisten Rezepte in diesem Buch. Die hier aufgeführten habe ich jedoch als Gruppe zusammengefasst, da sie alle Hauptgerichte sind. Selbstverständlich sind die anderen Rezepte auch miteinander kombinierbar und können den Hauptteil einer Mahlzeit bilden.

VEGETARISCH GRILLEN

GEMISCHTE PLATTE MIT BABY-GEMÜSE UND CHILI-MAYONNAISE

Vorbereitung: 15 Minuten
Zubereitung: 12 bis 18 Minuten

Für 4 Personen

4 Esslöffel Olivenöl

2 Esslöffel frischer Thymian, gehackt

1,25 kg verschiedene Sorten Baby-Gemüse, z.B. Zucchini, Artischocken, Spargelspitzen, Auberginen, Baby-Eiertomaten, Möhren und Pastinaken

grobes Meersalz

Chili-Mayonnaise:

½ – 1 mittelgroße Chilischote

1 Knoblauchzehe

1 Eigelb

155 ml Olivenöl

Saft einer halben Zitrone

1 Teelöffel Paprika

Salz und frisch gemahlener schwarzer Pfeffer

Baby-Gemüse, gegrillt und auf einer großen Servierplatte ange-richtet, ist ein wunderbarer Blickfang für eine etwas gehobenere Grillparty. Es wird mit Chili-Mayonnaise und italienischem Brot, wie z.B. Focaccia, serviert. Man kann es auch als Vorspeise reichen, zusammen mit extra nativem Olivenöl in kleinen Schälchen zum Dippen. Auch als Pasta-Gericht mit frisch gekochten Linguine und frisch geriebenem Parmesan eignet es sich gut. Wenn Sie sich für die letzte Variante entscheiden, lassen Sie die Chili-Mayonnaise weg und träufeln Sie ein wenig vom allerbesten, extra nativen Olivenöl darüber.

1. Das Olivenöl zusammen mit dem Thymian in einem kleinen Topf ca. 2 bis 3 Minuten vorsichtig erwärmen. Beiseite stellen und ziehen lassen.

2. Für die Chili-Mayonnaise die Chili entkernen und fein hacken. Im Mörser zusammen mit dem Knoblauch zu einer Paste verarbei-ten. Das Eigelb in eine Schüssel geben und die Chilipaste unter-ziehen. Unter ständigem Rühren nach und nach das Olivenöl zuge-ben, bis die Masse eindickt. Zitronensaft und Paprika unterrühren und die Mayonnaise nach Geschmack mit Pfeffer und Salz würzen. In eine kleine Servierschale umfüllen und beiseite stellen.

3. Das Gemüse je nach Sorte waschen und putzen, größere Exemp-lare längs halbieren.

4. Das Gemüse auf den heißen Grillrost legen und mit dem Thymianöl einpinseln. 10 bis 15 Minuten garen, dabei gelegentlich wenden, bis alles gebräunt und weich ist.

5. Das gegrillte Gemüse auf einer Servierplatte anrichten, mit Meersalz bestreuen und sofort mit der Mayonnaise servieren.

Verschiedene Baby-Gemüse, bestrichen mit Thymianöl

VEGETARISCH GRILLEN

GEFÜLLTE WIESEN-CHAMPIGNONS MIT PINIEN-KERNEN UND OLIVEN

Vorbereitung: 15 Minuten
Zubereitung: 10 bis 18 Minuten

Für 4 Personen

8 große Wiesenchampignons
60 g schwarze Oliven, entsteint
1 Knoblauchzehe
30 g Pinienkerne
30 g frische Weißbrotkrumen
2 Esslöffel frisch geriebener Parmesan-Käse
2 Esslöffel frische Petersilie, gehackt
1 Esslöffel frischer Majoran, gehackt
3 Esslöffel Olivenöl
Salz und frisch gemahlener schwarzer Pfeffer

Wiesenchampignons lassen sich gut füllen und wenn man die Füllmasse fest andrückt, kann man die Pilze wenden, ohne dass etwas von der Masse herausfällt. Verwenden Sie Pilze, die noch nicht zu weit geöffnet sind, damit die nach innen gewölbten Ränder die Füllung an Ort und Stelle halten.

1. Von den Pilzen die Stiele entfernen, die Köpfe säubern und beiseite stellen. Die Stiele zusammen mit den Oliven, dem Knoblauch und den Pinienkernen in der Küchenmaschine oder von Hand fein hacken.

2. Brotkrumen, Parmesan, Petersilie, Majoran und einen Esslöffel Öl zugeben. Gut vermischen und mit Pfeffer und Salz abschmecken.

3. Die Füllung mit einem Löffel in die Mitte der Pilzköpfe geben, fest andrücken und die Oberfläche glatt streichen.

4. Die Oberseite der Pilze mit dem restlichen Öl einpinseln und mit der gefüllten Seite nach unten auf den Grill legen. 5 Minuten braten, dann vorsichtig wenden und weitere 5 bis 8 Minuten grillen, bis die Pilze gar sind. Sofort servieren.

VEGETARISCH GRILLEN

GEBRATENER BIRNENKÜRBIS MIT ORANGEN-PECANNUSS-BUTTER

Vorbereitung: 5 Minuten
Zubereitung: 22 bis 25 Minuten

Für 2 Personen

1 Birnenkürbis ca. 750 g schwer

40 g weiche Butter

abgeriebene Schale und Saft einer
halben Orange

ein paar Tropfen Tabasco

2 Esslöffel frische glatte Petersilie, gehackt

Salz und frisch gemahlener
schwarzer Pfeffer

15 g halbierte Pecannüsse

Mittlerweile gibt es im Supermarkt eine große Auswahl an wun-derbaren und auch etwas verrückten Kürbis-Sorten. Sie eig-nen sich hervorragend für Spätsommer-Grillparties. Obwohl Kürbis selbst manchmal eher wenig Eigengeschmack besitzt, verwandelt sich das süße Fleisch in eine Delikatesse, wenn man es mit würzi-ger Butter bestreicht und auf dem Holzkohlengrill brät. Für dieses Rezept verwende ich den goldfarbenen Birnenkürbis; andere Sor-ten, wie z. B. Eichelkürbis, kann man jedoch ebenso gut verwenden.

1. Den ganzen Kürbis in einem großen Topf mit heißem Wasser übergießen und erneut aufkochen. Weitere 10 Minuten garen.
2. Die Butter in einer kleinen Schüssel mit Orangenrinde und -saft, Tabasco, Petersilie verrühren und reichlich mit Pfeffer und Salz würzen. Die Pecannüsse fein hacken und ebenfalls unter die Butter rühren.
3. Den Kürbis abgießen und halbieren. Die Kerne entfernen. Die Kürbishälften mit den aufgeschnittenen Seiten nach unten auf den Grill legen und 5 Minuten garen, anschließend umdrehen und die Schnittseiten mit der Würzbutter bestreichen. Weitere 7 bis 10 Minuten garen, bis das Fleisch weich ist. Kochend heiß ser-vieren und als Beilage eine Mischung aus Wild- und Langkornreis sowie einen leicht bitteren Blattsalat reichen.

VEGETARISCH GRILLEN

PATATAS BRAVAS

Vorbereitung: 10 Minuten
Zubereitung: 38 bis 39 Minuten

Für 4 Personen

12 große neue Kartoffeln

1 kleine Zwiebel

1 Knoblauchzehe

1 kleine rote Chilischote, getrocknet

4 Esslöffel Olivenöl

250 g passierte Tomaten

6 Esslöffel trockener Weißwein

2 Esslöffel glatte Petersilie, gehackt

Salz und frisch gemahlener schwarzer Pfeffer

½ Teelöffel Paprika

glatte Petersilie zum Garnieren

Dies ist eine Variante meiner Lieblings-Tapa, die ich während meines ersten Besuches auf dem spanischen Festland kennen gelernt habe, als ich mich in das Land, die Menschen und das Essen dort verliebte. Ein kleines Lokal im Zigeunerviertel auf der anderen Seite des Flusses Guadalquivir, hatte es mir besonders angetan. Ich kann mir nichts erholsameres vorstellen, als nach einer morgendlichen Stadtbesichtigung auf einem Barhocker zu sitzen, diese pikanten kleinen Kartoffeln zu genießen und dabei an einem Glas gekühlten Sherry fino zu nippen. Obwohl die komplette Zubereitung etwas mehr als eine halbe Stunde dauert, kann man die Kartoffeln und die Sauce parallel kochen, so dass das Gericht trotzdem in 30 Minuten fertig ist.

1. Die Kartoffeln waschen und in einem Topf mit kalten Wasser zum Kochen bringen. 10 Minuten garen, bis die Kartoffeln fast weich sind.

2. Während die Kartoffeln kochen, die Tomatensauce zubereiten. Dazu die Zwiebel und den Knoblauch fein hacken und die Chilischote zerkleinern.

3. Einen Esslöffel Öl in einem kleinen Topf erhitzen und darin die Zwiebel und den Knoblauch 3 Minuten anbraten. Anschließend Chili, Wein, passierte Tomaten und Petersilie zugeben und reichlich mit Pfeffer und Salz würzen. 20 Minuten kochen lassen, bis die Sauce eindickt. Gelegentlich umrühren.

4. Die Kartoffeln abgießen und mit kaltem Wasser abspülen. Trocken tupfen und die Kartoffeln längs vierteln, mit dem übrigen Olivenöl einpinseln und mit Paprika bestreuen. 5 bis 6 Minuten grillen und dabei häufig wenden, bis sie überall goldbraun sind.

5. Die Kartoffeln in eine Servierschale füllen und die Tomatensauce darüber gießen. Mit der glatten Petersilie garnieren und servieren.

VEGETARISCH GRILLEN

REIS MIT FENCHEL, ZUCCHINI UND ZWIEBEL

Vorbereitung: 10 Minuten
Zubereitung: 15 bis 20 Minuten

Für 4 Personen

185 g Basmatireis

2 Fenchelknollen

2 mittelgroße Zucchini

1 große spanische Zwiebel

5 Esslöffel extra natives Olivenöl

1 Knoblauchzehe

abgeriebene Schale und Saft einer
halbe Zitrone

2 Esslöffel Schnittlauch, gehackt

2 Esslöffel frische glatte Petersilie, gehackt

1 Teelöffel Kreuzkümmel,
gemahlen

Salz und frisch gemahlener
schwarzer Pfeffer

60 g Baby-Eiertomaten

Ich verwende gern Naturreis für dieses Rezept, aber da er etwas mehr als 30 Minuten zum Kochen braucht, nehme ich stattdessen Basmatireis, der dem fertigen Gericht ein besonderes Aroma verleiht. Wenn Sie genügend Zeit haben, empfehle ich italienischen Schnellkoch-Naturreis. Er hat eine wunderbar nussigen Geschmack, der sich gut für diesem warmen Reissalat eignet.

1. Wasser in einem großen Topf zum Kochen bringen, den Reis zugeben und 10 Minuten kochen lassen.
2. Inzwischen den Fenchel putzen und vierteln. Die Zucchini längs in Scheiben und die Zwiebeln in große Stücke schneiden. Das Gemüse mit 2 Esslöffeln Öl einpinseln, auf den heißen Grill legen und 10 bis 15 Minuten garen bis es leicht gebräunt ist. Regelmäßig wenden. Wenn nötig, den Fenchel etwas länger grillen.
3. Den Reis abgießen und in eine Servierschale füllen. Den Knoblauch zerkleinern und mit dem restlichen Öl, Zitronenschale und -saft, Schnittlauch, Petersilie und Kreuzkümmel verrühren und mit Pfeffer und Salz würzen. Dieses Dressing über den Reis geben und alles gut mischen.
4. Das Gemüse in große Stücke schneiden, die Tomaten halbieren und alles unter den Reis rühren. Bei Bedarf nachwürzen und anschließend warm servieren.

VEGETARISCH GRILLEN

KARTOFFELECKEN MIT ROSMARIN UND KNOBLAUCH

Vorbereitung: 10 Minuten
Marinieren: 30 Minuten
Zubereitung: 15 bis 20 Minuten

Für 4 Personen

**750 g gleich große, festkochende
Kartoffeln**

4 Esslöffel extra natives Olivenöl

2 große, frische Stängel Rosmarin

2 Knoblauchzehen

**Salz und frisch gemahlener
schwarzer Pfeffer**

Dies ist seit vielen Jahren eines meiner Lieblingsrezepte und wird eigentlich in der Backröhre zubereitet. Ich habe daraus ein Grillgericht gemacht, das immer gut ankommt. Servieren Sie die Kartoffelecken mit Salsa Verde (siehe Seite 79) als Dip vor dem Hauptgericht, oder mit gegrillten Paprikaschoten und Auberginen, die zuvor mit etwas Balsamessig beträufelt werden.

1. Die Kartoffeln waschen und längs halbieren. Danach jede Hälfte nochmals längs dritteln. In eine flache Schüssel geben und das Olivenöl darüber gießen.
2. Den Rosmarin hacken und den Knoblauch zerdrücken. Dann beides zu den Kartoffeln geben und kräftig mit Pfeffer und Salz würzen. Das Öl gut unter den Kartoffeln verteilen. Beiseite stellen und ca. 30 Minuten marinieren.
3. Die Kartoffelspalten aus der Marinade nehmen und in einen aufklappbaren Wendebräter geben, um das Wenden zu erleichtern. Auf dem Grill 15 bis 20 Minuten garen und dabei regelmäßig wenden, bis die Kartoffeln goldbraun und gar sind. Während des Grillens die Kartoffeln mit dem restlichen Öl einpinseln. Sofort servieren.

Tipp
Wenn erhältlich, verwenden Sie kleine, neue Kartoffeln für dieses Gericht. Ich stecke sie meist auf Metallspieße, damit sie sich auf dem Grill leichter wenden lassen.

VEGETARISCH GRILLEN

PATTY-PAN-KÜRBISSE MIT ZITRONEN-SENF-DRESSING

Vorbereitung: 5 Minuten
Zubereitung: 10 bis 15 Minuten

Für 4 Personen

**750 g Patty-Pan-Kürbisse
(in verschiedenen Farben, wenn
erhältlich)**

**abgeriebene Schale und Saft einer
Zitrone**

1 Esslöffel körniger Senf

1 Esslöffel heller Rohrohrzucker

**1 Esslöffel frischer Oregano,
gehackt**

5 Esslöffel Olivenöl

**Salz und frisch gemahlener
schwarzer Pfeffer**

30 g schwarze Oliven, entsteint

250 g gemischte Salatblätter

Wie Zucchini, die eng mit diesen kleinen Kürbissen verwandt sind, saugen sich diese voll Wasser, wenn man sie zu lange kocht. Durch Grillen mit einer würzigen Sauce oder mit einem Dressing auf Öl-Basis, wie in diesem Rezept, kann man diesen Effekt vermeiden. Außerdem bestreicht man die Kürbisse während des Grillens mit dem Dressing. Patty Pans eignen sich auch hervorragend für Kebabs und pfannengerührte Gerichte. Das Tomaten-Chili-Relish (siehe Seite 84) passt gut als Beilage zu diesem Rezept.

1. Die Kürbisse waschen und auf Spieße stecken. Zitronenschale und -saft, Senf, Zucker, Oregano und Öl mit reichlich Pfeffer und Salz in ein Glas mit Schraubdeckel geben und gut schütteln, bis die Zutaten emulgieren.

2. Die Kürbisse mit etwas Dressing bestreichen und 10 bis 15 Minuten grillen. Dabei regelmäßig wenden, bis sie gar und gebräunt sind.

3. Die Oliven grob hacken, zusammen mit den Salatblättern in eine Schüssel geben und etwas Dressing darüber gießen. In einer Servierschale anrichten.

4. Die Kürbisse von den Spießen abstreifen und in dem restlichen Dressing schwenken. Auf dem Salatbett anrichten und sofort servieren.

Tipp
Achten Sie beim Kauf der Patty Pans auf eine schöne, gleichmäßige Farbe und eine glatte, feste Schale ohne Schadstellen.

VEGETARISCH GRILLEN

SÜSSKARTOFFELN MIT EINER SCHNELLEN CURRY-PASTE

Vorbereitung: 10 Minuten
Zubereitung: 15 bis 20 Minuten

Für 4 Personen

750 g Süßkartoffeln (auch Batate genannt)

schnelle Curry-Paste:
1 Esslöffel Kreuzkümmel, ganz
1 Teelöffel Koriander, ganz
½ Teelöffel schwarze Pfefferkörner
1 Esslöffel Paprika
½ Teelöffel Cayennepfeffer
1 Esslöffel Kurkuma, gemahlen
1 Teelöffel Salz
2 Knoblauchzehen
Saft einer Zitrone
4 Esslöffel Naturjoghurt

Ich kann mir keine geeignetere Form der Zubereitung für Süßkartoffeln vorstellen, als auf dem Holzkohlengrill. Diese Garmethode ist die einfachste der Welt und verstärkt den nussigen Geschmack, während die Außenseite sich in eine knusprige Hülle verwandelt. Für dieses Rezept schneidet man die Süßkartoffeln einfach in Scheiben und bestreicht sie mit der wunderbar würzigen Paste. Ich bereite davon meist gleich ein ganzes Glas zu und bewahre es im Kühlschrank auf, da man diese Paste für Gerichte aller Art verwenden kann.

1. Zuerst die Currypaste herstellen. Dazu eine kleine Pfanne bei hoher Temperatur einige Minuten erhitzen und anschließend Kreuzkümmel, Koriander und Pfefferkörner darin 30 Sekunden rösten.
2. Die gerösteten Gewürze mit dem Mörser zu einem feinen Pulver zerkleinern. Paprika, Cayennepfeffer, Kurkuma und Salz hinzufügen. Dann die Knoblauchzehen und etwas Zitronensaft zugeben und alles zu einer Paste verarbeiten. Diese Paste mit dem restlichen Zitronensaft in den Joghurt rühren.
3. Die Süßkartoffeln waschen und in 1 cm dicke Scheiben schneiden. Die Currypaste über die Kartoffelscheiben gießen und die Scheiben darin wenden.
4. Die Süßkartoffelscheiben auf dem heißen Grill 15 bis 20 Minuten garen. Dabei regelmäßig wenden, bis sie weich sind. Mit Mango-Chutney sofort servieren.

Tipp
Diese Zubereitungsart eignet sich auch für andere Sorten Wurzelgemüse, z.B. Kartoffeln, Kohl- und Steckrüben.

VEGETARISCH GRILLEN

TORTILLAS MIT MAIS UND AVOCADO

Vorbereitung: 15 bis 20 Minuten
Marinieren: 1 Stunde
Zubereitung: 12 bis 15 Minuten

Für 4 Personen

4 Maiskolben
2 Esslöffel Tomatenketchup
2 Esslöffel vegetarische Worcestershire-Sauce
ein paar Tropfen Tabasco
2 Esslöffel heller Rohrohrzucker
Saft einer halben Limette
1 rote Zwiebel
½ grüne Paprikaschote
2 große Avocados
4 fertige Weizenmehl-Tortillas
2 Esslöffel Sauerrahm oder
Frischkäse
scharfe Tomaten-Paprika-Salsa
(siehe Seite 94) zum Servieren

Verwenden Sie weiche Weizenmehltortillas aus dem Supermarkt – sie lassen sich auf dem Grill schnell anwärmen und man kann sie verwenden, um gegrilltes Gemüse aller Art darin ganz unkompliziert zu servieren. Man wickelt die jeweilige Füllung einfach in eine Tortilla – fertig. Ich empfehle, den Mais eine Stunde zu marinieren, man kann das Marinieren jedoch auch verkürzen oder ganz weglassen, wenn die Zeit zu knapp ist.

1. Die Umhüllung von den Maiskolben entfernen. Wasser in einem großen Topf zum Kochen bringen und den Mais 5 Minuten darin garen, anschließend sorgfältig abgießen.
2. Tomatenketchup, Worcestershire-Sauce, Tabasco, Zucker und Limettensaft mischen, über die Maiskolben gießen und alles 1 Stunde marinieren. Dabei gelegentlich wenden.
3. Die Zwiebel in Scheiben schneiden, die Paprika entkernen und ebenfalls klein schneiden. Die Maiskolben auf dem heißen Grill 5 bis 8 Minuten garen. Dabei gelegentlich wenden, bis sie goldbraun sind. Inzwischen die Avocados halbieren, schälen und den Stein entfernen. Das Fleisch in Scheiben schneiden und in die restliche Marinade legen.
4. Mit einem Messer die Maiskörner von den Kolben scheiden. Dabei die Maiskolben senkrecht halten und mit einem Tuch anfassen, da sie sehr heiß sind. Den Mais in eine Schüssel geben und mit Zwiebel, Paprika und Avocado mischen.
5. Die Tortillas ca. 2 Minuten auf dem Grill anwärmen. Die Mais-Avocado-Mischung auf den Tortillas verteilen, einen Löffel Sauerrahm oder Frischkäse darauf geben und die Tortillas locker zusammenrollen. Zusammen mit der Salsa sofort servieren.

Tipp
Den Mais von den Kolben entfernen, ist eine etwas knifflige Angelegenheit. Vielleicht würden Sie daher gern die Kolben im Ganzen servieren und es Ihren Gästen überlassen, die Maiskörner selbst abzuschaben. Probieren Sie es aber trotzdem, wenn es Ihnen nicht zu viel Arbeit macht, denn der gegrillte Mais lässt sich gut mit den kühlen, cremigen Avocadostückchen in die Tortillas wickeln. Alles zusammen ergibt ein handliches, unkompliziert zu essendes Gericht.

Salate

Gegrilltes Gemüse aller Art, angerichtet mit etwas qualitativ hochwertigem Olivenöl und einem Schuss Balsamessig, ergibt einen hervorragenden Salat. Er sollte bei Zimmertemperatur mit Sauerteig- oder Olivenölbrot als Beilage serviert werden – und schon haben Sie die Grundlage für eine sättigende Mahlzeit.

VEGETARISCH GRILLEN

COUSCOUS-SALAT MIT GEGRILLTEM GEMÜSE

Vorbereitung: 15 Minuten
Zubereitung: 15 Minuten

Für 4 Personen

250 g Couscous
375 g kaltes Wasser oder Gemüsebrühe
60 g Butter
½ Teelöffel Zimt, gemahlen
½ Teelöffel Ingwer, gemahlen
½ Teelöffel Paprika
8 Schalotten
1 Aubergine
2 mittelgroße Zucchini
1 gelbe Paprikaschote
1 Knoblauchzehe, zerdrückt
1 Esslöffel Balsamessig
3 Esslöffel frische Korianderblätter, gehackt
2 Esslöffel frische Petersilie, gehackt
Salz und frisch gemahlener schwarzer Pfeffer

Das Einpinseln des Gemüses mit würziger Butter verleiht diesem Salat einen wunderbar aromatischen, süß-sauren Geschmack. Servieren Sie ihn in warmem Pita-Brot, mit gegrillten Halloumi-Streifen (siehe Seite 37). Alles zusammen ergibt eine komplette Mahlzeit, die man ohne Besteck essen kann – großartiges „Finger Food" für eine Grillparty am Strand.

1. Den Couscous in eine Schüssel geben und das Wasser oder die Brühe darüber gießen. 15 Minuten stehen lassen und dabei gelegentlich umrühren, damit sich keine Klümpchen bilden.
2. Die Butter zusammen mit den Gewürzen in einem kleinen Topf vorsichtig zerlassen. Anschließend beiseite stellen.
3. Die Schalotten in eine Schüssel geben und mit kochendem Wasser übergießen. 5 Minuten stehen lassen, dann abgießen, schälen und auf Spieße stecken.
4. Die Aubergine und die beiden Zucchini längs in dünne Scheiben schneiden. Die Paprika halbieren und entkernen. Das Gemüse auf den Grill legen, mit der Butter bestreichen und öfter wenden, bis das Gemüse gar und leicht gebräunt ist.
5. Die Schalotten von den Spießen abstreifen und halbieren. Aubergine, Paprika und Zucchini in schmale Streifen schneiden.
6. Das Gemüse mit der restlichen Butter in die Schüssel mit dem Couscous geben. Knoblauch, Balsamessig, Koriander und Petersilie unterrühren und mit Pfeffer und Salz würzen. Warm oder kalt servieren.

Tipp
Um einen etwas gehaltvolleren Salat zu erhalten, kann man 125 g gewürfelten Feta oder festen Ziegenkäse mit dem gegrillten Gemüse zugeben.

Couscous-Salat mit gegrilltem Gemüse, übergossen mit flüssiger Würzbutter.

VEGETARISCH GRILLEN

WARMER PUYLINSEN-SALAT MIT GEGRILLTEN AUBERGINEN UND FENCHEL

Vorbereitung: 15 Minuten
Zubereitung: 35 bis 45 Minuten

Für 4 Personen

185 g Puylinsen
2 Fenchelknollen
1 große Aubergine
1 rote Zwiebel
30 g Pinienkerne
1 Knoblauchzehe
2 Esslöffel frische Minze, gehackt
1 Teelöffel Kreuzkümmel, gemahlen
4 Esslöffel extra natives Olivenöl
1 Esslöffel Balsamessig
Salz und frisch gemahlener schwarzer Pfeffer

Puylinsen sind kleine, schiefergrüne Hülsenfrüchte, die aus der Region um die französische Stadt Le Puy kommen. Sie werden von Köchen auf Grund ihrer feinen Konsistenz, des rauchigen Geschmacks und der Formstabilität als Königin unter den Linsen bezeichnet. Puylinsen sind die ideale Beilage für den aromatischen Geschmack von gegrillten Auberginen und Fenchel. Die Linsen werden 15 Minuten, bevor man das Gemüse auf den Grill legt, aufgesetzt. Somit ist das Gericht innerhalb von 30 Minuten fertig, trotz der etwas längeren Gesamtgarzeit.

1. Die Linsen in einem Topf mit so viel Wasser zum Kochen bringen, dass die Linsen großzügig mit Wasser bedeckt sind. 25 bis 30 Minuten kochen lassen, bis die Linsen gerade weich sind. Abgießen und in eine Salatschüssel geben.
2. Während die Linsen kochen, den Fenchel putzen und die Knollen von der Spitze zur Wurzel in dünne Scheiben schneiden. Von der Aubergine den Stiel entfernen und sie in 1 cm dicke Scheiben schneiden. Die Zwiebel ebenfalls in Scheiben schneiden. Pinienkerne in einer Pfanne ohne Fett goldbraun rösten. Den Knoblauch zerdrücken.
3. Fenchel und Auberginen 10 bis 15 Minuten grillen, bis sie leicht gebräunt und weich sind. Das gegrillte Gemüse in dünne Streifen schneiden und zusammen mit der Zwiebel, den Pinienkernen und dem Knoblauch zu den warmen Linsen geben.
4. Minze, Kreuzkümmel, Olivenöl und Balsamessig hinzufügen und mit Pfeffer und Salz würzen. Sofort servieren.

Tipp
Versuchen Sie nicht, für dieses Gericht rote oder braune Linsen zu verwenden. Sie werden beim Kochen zu weich und das Endergebnis ist eher enttäuschend.

VEGETARISCH GRILLEN

RÖSTBROTSALAT MIT PARMESAN UND PILZEN

Vorbereitung: 10 Minuten
Zubereitung: 4 bis 5 Minuten

Für 4 Personen

4 dicke Scheiben Olivenöl-Brot, z. B. Chiabatta
1 Knoblauchzehe
375 g kleine Maronenpilze
4 Esslöffel frische glatte Petersilie, gehackt
4 Esslöffel extra natives Olivenöl
1 Esslöffel Balsamessig
Salz und frisch gemahlener schwarzer Pfeffer
60 g Parmesan

Durch das Grillen bekommt das Brot einen herzhaften, rauchigen Geschmack, der gut zu den milden Pilzen in diesem Salat passt.

1. Das Brot von jeder Seite 1 bis 2 Minuten auf dem Grill rösten. Die Knoblauchzehe halbieren und jede Brotscheibe von einer Seite damit einreiben. Das Brot in kleine Würfel schneiden und in eine Salatschüssel geben.
2. Die Pilze putzen und vierteln. Zusammen mit der Petersilie in die Schüssel geben. Das Olivenöl mit dem Essig mischen und kräftig mit Pfeffer und Salz würzen. Anschließend den Salat mit dem Dressing beträufeln.
3. Den Parmesan mit einem Gemüseschäler in dünne Späne hobeln und diese über den Salat streuen. Die Zutaten vorsichtig unterheben und den Salat servieren.

Tipp
Für diesen Salat kann man auch gemischte Pilze verwenden, wie z. B. Shiitake- oder Austernpilze.

VEGETARISCH GRILLEN

RUCOLA MIT GRILL-PAPRIKA UND KARAMELLISIERTEN SCHALOTTEN

Vorbereitung: 10 Minuten
Zubereitung: ca. 15 Minuten

Für 4 Personen

8 Schalotten
2 rote Paprikaschoten
30 g Pinienkerne
60 g Feta-Käse
90 g Rucola-Blätter
1 Esslöffel Rotweinessig
1 Esslöffel heller Rohrohrzucker
1 Esslöffel Olivenöl sowie
2 Esslöffel extra natives Olivenöl
Salz und frisch gemahlener
schwarzer Pfeffer

Dieser Salat besticht durch schöne, kräftige Farben. Rucola gibt es mittlerweile in vielen Supermärkten zu kaufen, meist in geschlossenen Plastiktüten oder in kleinen Pflanztöpfen. Er lässt sich auch ganz unkompliziert selbst anbauen, entweder im Blumentopf auf dem Fensterbrett oder in einem kleinen Gartenbeet. Ähnlich wie Spinat schießt er schnell ins Kraut, so dass man ihn kontinuierlich pflücken bzw. die obersten Knospen und Blätter regelmäßig abknipsen muss, damit die Pflanzen kompakt und kräftig werden.

1. Die Schalotten in eine Schüssel geben, mit kochendem Wasser übergießen und 2 Minuten stehen lassen. Anschließend abgießen, die Schalotten schälen und auf Spieße stecken. Die Paprikaschoten entkernen und halbieren.
2. Die Pinienkerne in einer kleinen Pfanne bei starker Hitze goldbraun rösten. Den Feta würfeln. Pinienkerne, Feta und Rucola vermengen und in eine Salatschüssel geben.
3. Essig, Zucker und 1 Esslöffel Olivenöl mischen und damit die Schalotten und die Paprikahälften einpinseln. Anschließend Schalotten und Paprika 10 bis 15 Minuten grillen. Dabei mit der Marinade einpinseln und wenden, bis die Schalotten und die Haut der Paprikaschoten gebräunt sind.
4. Die Paprika in eine Plastiktüte geben und 5 Minuten stehen lassen, bis die Haut sich löst. Die Schalotten von den Spießen abstreifen. Die Paprika häuten und in Streifen schneiden.
5. Das Gemüse auf dem Salat anrichten, mit dem extra nativen Olivenöl beträufeln und mit Pfeffer und Salz würzen. Alles vorsichtig vermengen und mit fertig gekauftem Brot oder Kartoffel-Zwiebel-Brot (siehe Seite 76) servieren.

VEGETARISCH GRILLEN

GEGRILLTER RATATOUILLE-SALAT

Vorbereitung: 15 Minuten
Zubereitung: 15 Minuten

Für 4 Personen

1 große Aubergine
2 mittelgroße Zucchini
2 rote Paprikaschoten
3 reife Tomaten
1 große milde Zwiebel
4 Esslöffel extra natives Olivenöl
2 Knoblauchzehen
2 Esslöffel Rotweinessig
1 Esslöffel Kapern
Salz und frisch gemahlener schwarzer Pfeffer
zum Garnieren frischer Basilikum, gehackt

Wenn man Ratatouille zu lange kocht, ergibt es manchmal ein ziemlich enttäuschendes Durcheinander, bei dem Aroma und Konsistenz der einzelnen Zutaten zu einer breiartigen Masse vermischt werden. Durch das Grillen behält das Gemüse jedoch seinen Eigengeschmack und die Kapern und der Rotweinessig machen das Gericht angenehm pikant. Nur auf einem sehr großen Grill kann man dieses Rezept in 30 Minuten zubereiten, ansonsten muss man das Gemüse schubweise grillen.

1. Die Aubergine und die Zucchini putzen und in dünne, runde Scheiben schneiden. Die Paprika halbieren und entkernen. Die Tomaten und die Zwiebel ebenfalls halbieren. Mit der Hälfte des Olivenöls das Gemüse einpinseln, den Rest zurück behalten.
2. Das Gemüse 15 Minuten grillen, bis es gar und gebräunt ist. Paprika und Tomaten in eine Plastiktüte geben und 5 Minuten stehen lassen, bis die Haut sich löst. Anschließend häuten und klein schneiden. Die Zwiebeln in halbe Ringe schneiden.
3. Alle Gemüse in eine Salatschüssel geben. Den Knoblauch zerdrücken und zusammen mit dem Essig, den Kapern, Pfeffer und Salz sowie dem restlichen Olivenöl hinzufügen. Mit dem gehackten Basilikum bestreuen und sofort servieren.

Tipp
Dieser Salat ergibt auch einen leckeren Pizza-Belag. Man belegt damit ein paar vorbereitete Pizzaböden und streut etwas geriebenen Mozzarella darauf. Im vorgeheizten Backofen 10 bis 15 Minuten backen.

VEGETARISCH GRILLEN

GEGRILLTE TOMATEN MIT KICHERERBSEN

Vorbereitung: 15 Minuten
Zubereitung: 25 bis 30 Minuten

Für 4 Personen

1 ganze Knoblauchzehe
500 g Eiertomaten
400 g Kichererbsen aus der Dose, abgegossen
1 mittelgroße rote Zwiebel
6 Esslöffel frischer Basilikum, gehackt
4 Esslöffel extra natives Olivenöl
Salz und frisch gemahlener schwarzer Pfeffer

Ein Besuch auf Sizilien hat meine Art zu kochen nachhaltig beeinflusst. Der intensive Geschmack, die Gerüche und Farben der dortigen Küche sind hervorgegangen aus dem breit gefächerten kulturellen Erbe der Insel. Die Mauren, Normannen, Spanier und Franzosen, um nur einige Völker zu nennen, eroberten die Insel, zogen weiter und hinterließen ihren Einfluss, der in der Kochkunst noch heute spürbar ist. Couscous, Safran und Gewürze; feines Gebäck mit Mandeln und Rosenwasser; eine große Auswahl an Obst und Gemüse – durch all das zeichnet sich die sizilianische Küche aus. Einen solchen Salat wie diesen bekam ich während meines Aufenthaltes dort serviert. Angerichtet mit gegrilltem Tintenfisch und Couscous mit Meeresfrüchten schmeckte er so gut, dass ich ihn ohne alles hätte essen können, nur mit dem einheimischen Brot als Beilage.

1. Die Knoblauchzehe in Alufolie wickeln und zwischen den Grillkohlen 15 bis 20 Minuten garen, bis der Knoblauch weich ist.
2. Inzwischen die Tomaten ca. 10 Minuten grillen, bis die Haut leicht gebräunt ist. In eine Plastiktüte geben und 5 Minuten stehen lassen.
3. Während die Tomaten gegrillt werden, die Kichererbsen in eine Salatschüssel geben. Die Zwiebel in Scheiben schneiden und zusammen mit Basilikum und Öl zu den Kichererbsen geben. Mit Pfeffer und Salz abschmecken.
4. Die Tomaten häuten und das Fleisch klein hacken. Mit den übrigen Salatzutaten vermischen. Den Knoblauch aus den Zehen drücken und in den Salat geben. Alle Zutaten nochmals verrühren und bis zum Servieren ziehen lassen.

VEGETARISCH GRILLEN

FENCHELSALAT MIT ROTEN ZWIEBELN

Vorbereitung: 15 Minuten
Zubereitung: 10 Minuten

Für 4 Personen

2 große Fenchelknollen
2 große Orangen
1 mittelgroße rote Zwiebel
3 Esslöffel extra natives Olivenöl
1 Esslöffel Balsamessig
1 Esslöffel frische Minze, gehackt
Salz und frisch gemahlener
schwarzer Pfeffer
Minzeblätter zum Garnieren

Fenchel eignet sich wunderbar zum Grillen. Man schneidet ihn in dünne Scheiben und durch das Grillen wird sein starker, anisartiger Geschmack etwas lieblicher. Saftige Orangen und milde rote Zwiebeln passen hervorragend zu Fenchel. Für Fischliebhaber ist dieser Salat ist eine gute Beilage zu Makrele oder Thunfisch.

1. Die Wurzelenden von den Fenchelknollen entfernen und den Fenchel längs in 5 mm dicke Scheiben schneiden. Von jeder Seite 5 Minuten grillen und einmal wenden, bis der Fenchel gar und leicht gebräunt ist.
2. Während der Fenchel auf dem Grill liegt, die Orangen sorgfältig mit einem Wellenschliffmesser schälen. Darauf achten, dass dabei die weiße Haut komplett entfernt wird. Die Orangen und die Zwiebel in dünne Scheiben schneiden.
3. Aus Olivenöl, Balsamessig, Minze sowie Pfeffer und Salz ein Dressing herstellen. Den Fenchel lagenweise mit den Orangen und Zwiebeln in eine Servierschale schichten und jede Lage mit dem Dressing beträufeln. Mit der Minze granieren und bei Zimmertemperatur servieren.

Tipp
Wird der Fenchel vorher vorbereitet, geben Sie ihn in eine Schüssel mit Wasser und dem Saft einer halben Zitrone, um ein Verfärben zu verhindern. Damit die Scheiben nicht auseinander fallen, kann man sie mit Holzspießen zusammenstecken oder vor dem Grillen in einen Wendebräter legen.

VEGETARISCH GRILLEN

SALAT AUS GEFÜLLTEN PAPRIKASCHOTEN MIT TOMATEN UND FENCHEL

Vorbereitung: 10 Minuten
Zubereitung: 10 bis 15 Minuten

Für 4 Personen

2 gelbe Paprikaschoten
2 rote Paprikaschoten
1 mittelgroße Fenchelknolle
8 Baby-Eiertomaten oder Cherry-tomaten
3 Esslöffel extra natives Olivenöl
Salz und frisch gemahlener schwarzer Pfeffer
2 Esslöffel Pesto

Gefüllte Paprikaschoten sind ein farbenfrohes Gericht, das sowohl heiß als auch bei Zimmertemperatur serviert werden kann. Dadurch sind sie ideal, wenn der Grill einmal etwas überlastet ist. Man kann sie grillen und dann beiseite stellen. Mit Cocktailspießen wird die Füllung während des Grillens vor dem Herausfallen gesichert, aber denken Sie daran, die Spieße zuvor in Wasser zu legen, damit sie nicht anbrennen.

1. Die Paprikaschoten waschen, längs halbieren und die Kerne entfernen. Den Fenchel in dünne Scheiben schneiden.
2. In jede Paprikahälfte 2 Tomaten geben und mit Fenchelscheiben belegen. Den Fenchel auf hölzerne Cocktailspieße stecken und diese diagonal über die Paprikahälften legen. Die Paprika komplett mit Olivenöl einpinseln und mit Pfeffer und Salz würzen.
3. Die Paprikahälften mit den aufgeschnittenen Seiten nach unten auf den Grill legen und 5 Minuten garen. Anschließend wenden und weitere 10 Minuten grillen, bis die Paprika leicht gebräunt und weich sind.
4. Die Paprikaschoten in eine Servierschale geben, die Cocktailspieße entfernen und abkühlen lassen. Wenn die Paprika noch etwas warm sind, mit ein wenig Pesto bestreichen. Mit reichlich Brot als Beilage servieren.

Tipp
Ganz konsequente Vegetarier verwenden Pesto, das mit vegetarischem Parmesan hergestellt wurde oder ersetzen es durch fertig gekaufte Olivenpaste von guter Qualität.

VEGETARISCH GRILLEN

SALAT AUS NEUEN KARTOFFELN MIT BLUMEN- KOHL UND MINZE

Vorbereitung: 10 Minuten
Zubereitung: 15 bis 20 Minuten

Für 4 Personen

500 g kleine neue Kartoffeln
1 kleiner Blumenkohl
4 Esslöffel Olivenöl
2 Esslöffel frische Minze, gehackt
Saft einer halben Zitrone
Salz und frisch gemahlener
schwarzer Pfeffer
1 Teelöffel Currypaste

Kartoffelsalat mag vielleicht etwas einfallslos scheinen, aber wenn man ihn aus kleinen Kartoffeln zubereitet und ihm mit gegrilltem Blumenkohl und Minze etwas Pfiff gibt, wird daraus ein wahrhaft königliches Gericht. Die Curry-Paste verleiht dem Salat eine Spur von Schärfe und verbindet die verschiedenen Zutaten miteinander. Mit warmem indischen Naan-Brot servieren und dazu frisches Tomaten-Zwiebel-Chutney und Joghurt-Raita reichen.

1. Die Kartoffeln in kochendem Wasser 10 bis 15 Minuten garen, bis sie weich sind. Den Blumenkohl in Röschen zerteilen und diese in kochendem Wasser 5 Minuten garen, bis sie fast weich sind. Beides abgießen und die Kartoffeln in eine Salatschüssel geben.
2. Aus 3 Esslöffeln Öl, Minze, Zitronensaft, Pfeffer und Salz ein Dressing herstellen. Das Dressing über die Kartoffeln geben und sie darin wenden.
3. Das restliche Öl mit der Curry-Paste mischen. Die Blumenkohl-Röschen auf den Grill legen und mit dem Olivenöl einpinseln. 5 Minuten grillen, wenden und mit dem Öl bestreichen. Den gegrillten Blumenkohl mit den Kartoffeln vermischen und bei Zimmertemperatur servieren.

Tipp
Bei diesem Rezept ist es nicht zwingend nötig, den Blumenkohl zu grillen. Sie sollten es aber trotzdem probieren, denn das Grillaroma des Blumenkohls ist einfach köstlich.

Brot und andere Beilagen

Die in diesem Kapitel enthaltenen Brotrezepte sind alle recht unkompliziert in der Herstellung. Dennoch werden Ihre Gäste den Eindruck bekommen, dass Sie sich für sie besondere Mühe gegeben haben.

VEGETARISCH GRILLEN

POLENTA-PARMESAN-ECKEN

Vorbereitung: 15 Minuten
Zubereitung: 11 bis 20 Minuten

Für 4 Personen

30 g Pinienkerne

8 schwarze Oliven, entsteint

750 ml Wasser

Salz und frisch gemahlener
schwarzer Pfeffer

185 g Instant-Polenta

15 g Butter

30 g frisch geriebener Parmesan-
Käse

3 Esslöffel frischer Basilikum,
gehackt

2 Esslöffel frische glatte Petersilie, gehackt

2 Esslöffel Olivenöl

Ohne Beilage ist Polenta meistens nicht besonders aufregend, um es vorsichtig auszudrücken. Jedoch mit Parmesan und frischen Kräutern, Pinienkernen und schwarzen Oliven wird daraus etwas ganz anderes. Besonders das Grillen gibt den Polenta-Ecken einen köstlichen, herzhaften Geschmack und macht sie schön knusprig. Als Beilagen passen entweder Tomaten-Chili-Relish (siehe Seite 84) oder eines der Salsa-Rezepte.

1. Die Pinienkerne in einer kleinen Pfanne bei starker Hitze 1 bis 2 Minuten goldbraun rösten. Die Oliven klein schneiden. Beides beiseite stellen.

2. Wasser in einem großen Topf mit ½ Teelöffel Salz zum Kochen bringen. Die Polenta unter ständigem Rühren dazugeben. Bei geringer Hitze 5 bis 8 Minuten kochen, dabei weiterhin rühren, bis die Polenta dick ist und sich seitlich vom Topf löst.

3. Butter, Parmesan, Basilikum, Petersilie, Oliven und geröstete Pinienkerne unterrühren und die Polenta nach Geschmack mit Pfeffer und Salz würzen. Die Masse auf ein gebuttertes Blech geben und in einer Stärke von ca. 2,5 cm glatt streichen. 10 Minuten abkühlen lassen und danach in dreieckige Stücke schneiden.

4. Die Polenta mit Olivenöl einpinseln und auf dem heißen Grill 5 bis 10 Minuten garen, dabei ein- oder zweimal wenden, bis die Ecken goldgelb und durchgebacken sind. Mit Salsa servieren.

Gegrillte Polenta-Parmesan-Ecken, mit Tomaten-Chili-Relish serviert (siehe Seite 84).

VEGETARISCH GRILLEN

SARDISCHES SALBEIBROT

Vorbereitung: 10 Minuten
Zubereitung: 15 bis 20 Minuten

Für 4 Personen

155 g einfaches Mehl
90 g feiner Grieß
1 Teelöffel Salz
1 Teelöffel frischer Salbei, gehackt
200 ml warmes Wasser
2 Esslöffel extra natives Olivenöl
Meersalz

Dieses Brotrezept lernte ich bei der Kochbuchautorin Rosemary Stark kennen. Es stammt aus Sardinien, wo es auch *Carta da Musica* genannt wird, weil es wie ein altes Notenblatt aussieht. Es lässt sich einfach zubereiten und eignet sich gut zum Grillen, deshalb bereite ich den Teig schon vorher und backe ein paar Stück davon, die ich dann mit Dips und Salsas serviere, während der Hauptgang auf dem Grill liegt.

1. Das Mehl in eine große Rührschüssel sieben. Grieß, Salz und Salbei dazu geben. Das Wasser zugießen und alle Zutaten zu einem weichen Teig verarbeiten. Den Teig auf einer bemehlten Fläche 1 Minute lang kneten. Wenn er zu feucht ist, noch etwas Mehl zugeben.
2. Den Teig in 8 Teile teilen und mit einem feuchten Tuch abdecken, damit er nicht austrocknet.
3. Das erste Teigstück auf einer bemehlten Fläche dünn und kreisförmig (Durchmesser ca. 23 cm) ausrollen.
4. Den Teig auf den heißen Grill legen und 1 bis 2 Minuten von jeder Seite backen, bis er an der Oberfläche Blasen schlägt. Mit Olivenöl einpinseln und mit Meersalz bestreuen, solange das Brot noch warm ist. Den restlichen Teig ebenfalls wie oben beschrieben ausrollen und grillen. Das Salbeibrot warm servieren.

VEGETARISCH GRILLEN

PIZZABROT MIT KNOBLAUCH UND KRÄUTERN

Vorbereitung: 10 Minuten
Zubereitung: 8 bis 10 Minuten

Für 4 Personen

60 g Butter

2 Knoblauchzehen

2 Esslöffel frische glatte Petersilie, gehackt

Salz und frisch gemahlener schwarzer Pfeffer

250 g fertige Pizza-Backmischung

1 Esslöffel extra natives Olivenöl

Es gibt zahlreiche gute Pizza-Backmischungen zu kaufen, die sich hervorragend für diese gegrillte Knoblauchbrot-Variante eignen. Es schmeckt wunderbar, weshalb man es immer in ausreichender Menge bereiten sollte, damit alle etwas davon abbekommen, vor allem die Kinder. Meine Kinder greifen immer als erstes zu diesem Pizzabrot, so dass es meist blitzschnell alle ist, bevor die Erwachsenen überhaupt Zeit hatten, etwas davon zu probieren.

1. Die Butter in einer kleinen Schüssel schaumig rühren. Den Knoblauch fein hacken und zusammen mit der Petersilie und reichlich Pfeffer und Salz unter die Butter rühren.

2. Die Pizzamischung wie auf der Packung angegeben anrühren sowie Olivenöl und Wasser zugeben. Den Teig halbieren und beide Stücke kreisförmig, ca. 5 mm dick, ausrollen. Der Teig sollte nicht zu dünn sein, da er sonst durch den Grillrost rutscht. Mit einem scharfen Messer beide Teigstücke ca. 5-mal einschneiden.

3. Die beiden runden Teigstücke auf den geölten Grillrost legen. Von beiden Seiten 4 bis 5 Minuten grillen, bis sie goldbraun und knusprig sind. Das Brot mit der Knoblauchbutter bestreichen und in Streifen schneiden. Sofort servieren.

VEGETARISCH GRILLEN

ZIEGENKÄSE-DILL-SCONES

Vorbereitung: 10 Minuten
Zubereitung: 12 bis 15 Minuten

Ergibt 10 bis 12 Scones

**250 g Fertigmehlmischung
(mit Backpulver)**
1 Teelöffel Salz
1 reichliche Prise Cayennepfeffer
½ Teelöffel Backpulver
30 g Butter
1 Teelöffel frischer Dill, gehackt
60 g Ziegenkäse
155 ml Naturjoghurt
verquirltes Ei zum Bestreichen

Ich serviere diese Scones gern mit einem Löffel Mascarpone und mit Grillgemüse, das in Streifen geschnitten und mit etwas Balsamessig mariniert wird. Am besten verwendet man einen festeren, krümeligen Ziegenkäse. Er sollte nicht zu frisch und weich sein.

1. Den Backofen auf 200 °C (Gasherd Stufe 6) vorheizen. Ein Backblech darin vorwärmen.
2. Das Mehl zusammen mit Salz, Cayennepfeffer und Backpulver in eine große Rührschüssel sieben. Die Butter würfeln und mit den trockenen Zutaten vermischen, so dass die Masse die Konsistenz von feinen Brotkrumen erhält. Anschließend den Dill zugeben, den Ziegenkäse zerbröckeln und ebenfalls unterrühren. Den Joghurt dazugeben und alles zu einem weichen Teig verarbeiten.
3. Den Teig auf einer leicht bemehlten Fläche leicht kneten. 2,5 cm dick ausrollen und runde Teigstücken ausstechen. Den übrigen Teig wieder ausrollen und weitere Scones ausstechen. Diese auf das Backblech legen und mit dem verquirlten Ei bestreichen.
4. Die Scones 12 bis 15 Minuten backen, bis sie aufgegangen und goldgelb sind. Zum Abkühlen auf ein Kuchengitter legen.

Tipp
Diese Scones kann man auch in anderen Geschmacksrichtungen backen. Probieren Sie z. B. Dill und Ziegenkäse durch Basilikum und Feta oder getrocknete Tomaten und Mozzarella zu ersetzen.

VEGETARISCH GRILLEN

KARTOFFEL-ZWIEBEL-BROT

Vorbereitung: 15 Minuten
Zubereitung: 25 Minuten

Ergibt 1 Brot

1 mittelgroße, milde Zwiebel
1 Esslöffel Olivenöl
250 g einfaches Mehl
2 Teelöffel Backpulver
1 Teelöffel Salz
¼ Teelöffel Paprika
185 g gekochte, mehlige Kartoffeln
1 Ei
155 ml fettarme Milch
30 g zerlassene Butter
1 Teelöffel Kümmel, ganz

Dieses herzhafte Brot ist eine gute Beilage zu gegrilltem Gemüse, vor allem zu süßlichen Sorten, wie z.B. Paprika oder Pastinaken. Am besten schmeckt das Brot, wenn es ganz frisch ist. Deshalb ist es günstig, den Teig herzustellen, wenn der Grill gerade angezündet wurde. Es bäckt eine halbe Stunde, so dass es noch schön warm ist, wenn das restliche Essen fertig ist.

1. Den Backofen auf 230 °C (Gasherd Stufe 8) vorheizen. Die Zwiebel fein hacken. In einer mittelgroßen Pfanne das Öl erhitzen und die Zwiebel darin 5 Minuten braten.
2. Inzwischen Mehl, Backpulver, Salz und Paprika in eine große Rührschüssel sieben. Die Kartoffeln reiben, mit den trockenen Zutaten vermischen und die Zwiebel dazugeben.
3. Das Ei mit der Milch verquirlen, die zerlassene Butter unterrühren und die Mischung in die Schüssel zu den anderen Zutaten geben. Alles zu einem weichen Teig verarbeiten, der relativ feucht sein sollte.
4. Den Teig auf einer gut bemehlten Arbeitsfläche kreisförmig ca. 20 cm groß ausrollen. Auf ein Backblech legen und mit dem Kümmel bestreuen. In Tortenform daraus 8 Stücke schneiden und ca. 25 Minuten backen, bis das Brot gebräunt ist. Wenn es durchgebacken ist, klingt es hohl, wenn man von unten dagegen klopft. Warm servieren.

Tipp
Für eine wunderbare Bruschetta, bäckt man das Brot im Voraus, ohne es zuvor in Stücke zu teilen. Abkühlen lassen und danach in dicke Scheiben schneiden. Diese auf dem heißen Grill von beiden Seiten 1 Minute rösten. Mit Olivenöl bestreichen und je nach Geschmack belegen. Der Belag für Tomaten-Crostini (siehe Seite 12) oder für Frühlingszwiebel-Bruschetta (siehe Seite 13) passt sehr gut dazu.

VEGETARISCH GRILLEN

EIERKUCHEN MIT ZIMT UND HONIG

Vorbereitung: 10 Minuten
Zubereitung: 15 Minuten

Für 4 Personen

250 g Fertigmehlmischung
(mit Backpulver)
½ Teelöffel Zimt, gemahlen
½ Teelöffel Weinstein
¼ Teelöffel Natron
¼ Teelöffel Salz
1 Ei
315 ml fettarme Milch
2 Esslöffel Honig
etwas Sonnenblumenöl zum
Braten
30 g Butter

Meine Töchter sind große Eierkuchen-Fans. Dadurch entdeckte ich, wie gut schottische Eierkuchen, auch *Drop Scones* genannt, schmecken, wenn man sie auf dem Grill aufwärmt. Wir probierten dies am Ende einer sommerlichen Grillparty aus, als die Holzkohle schon etwas heruntergebrannt war. Wir servierten die Eierkuchen mit gegrillten Erdbeeren, beträufelt mit Honig, was sehr gut schmeckte – ein Versuch lohnt sich! Drop Scones lassen sich auch gut tiefkühlen. Wenn man Zeit sparen will, kann man also gleich eine größere Menge zubereiten und einen Teil davon einfrieren. Ich serviere meist die pikante Variante mit gegrilltem Gemüse und Salsa Verde (siehe Seite 85).

1. Mehl, Zimt, Weinstein, Natron und Salz in eine große Rührschüssel sieben. Das Ei mit Milch und Honig verquirlen. In der Mitte der trockenen Zutaten eine Mulde formen, die Flüssigkeit hineingießen und alle Zutaten vorsichtig verrühren, so dass ein glatter Eierkuchenteig entsteht.
2. In einer großen Pfanne etwas Öl erhitzen und einen reichlichen Esslöffel Teig in die heiße Pfanne geben. Den Eierkuchen ca. 2 Minuten braten, bis er gerade fest und goldgelb ist. Dann wenden und von der anderen Seite braten und auf einen Teller legen. Mit dem restlichen Teig ebenso verfahren.
3. Zum Abschluss die Butter in einer kleinen Pfanne zerlassen und die Eierkuchen damit bestreichen. Auf dem heißen Grill die Eierkuchen von beiden Seiten aufwärmen. Mit gegrillten Früchten servieren.

Pikante Eierkuchen
Bei dieser Variante lässt man Zimt und Honig weg und fügt dem Teig stattdessen gehackte frische Kräuter zu: Schnittlauchröllchen, gehackter Thymian und/oder Estragon eignen sich gut dafür.

Saucen und Relishes

Würzsaucen sind eine wichtige Zutat beim Grillen. Sie sorgen für die nötige Feuchtigkeit, verleihen Gemüsesorten mit wenig Eigengeschmack Aroma und liefern zusätzliche Farbtupfer.

VEGETARISCH GRILLEN

ROMESCO-SAUCE

Vorbereitung: 10 Minuten
Zubereitung: 8 bis 15 Minuten

Für 4 Personen

1 mittelgroße Zwiebel
3 Knoblauchzehen
2 rote Paprikaschoten
4 reife Tomaten
60 g blanchierte Mandeln oder
Haselnüsse
1 große rote Chilischote
2 Esslöffel Rotweinessig
125 ml extra natives Olivenöl
Salz und frisch gemahlener
schwarzer Pfeffer

Diese wunderbare und einfache Sauce aus gegrilltem Gemüse und Nüssen stammt aus der spanischen Region Tarragona. Dort wird sie traditionell zu gegrillten Meeresfrüchten gereicht. Die gegrillten Paprika und Tomaten ergeben eine herrlich rauchige Sauce, die man als Dip oder Relish und sogar als Pasta-Sauce verwenden kann.

1. Die Zwiebel quer halbieren. Den Knoblauch auf einen Holzspieß stecken.
2. Zwiebel, Knoblauch sowie Paprika und Tomaten im Ganzen auf den heißen Grill legen und 8 bis 15 Minuten garen. Dabei regelmäßig wenden, bis die Haut leicht gebräunt ist. Den Knoblauch und die Tomaten sollte man als erstes vom Grill nehmen, da sie schneller gar sind.
3. Die Paprika und Tomaten in eine Schüssel geben, abdecken und 5 Minuten beiseite stellen, bis sich die Haut löst.
4. Paprika und Tomaten häuten und entkernen, den Saft auffangen. Das Fleisch grob hacken und mit dem Saft in einen Mixer oder in eine Küchenmaschine geben.
5. Die Mandeln oder Haselnüsse in einer kleinen Pfanne ca. 2 Minuten ohne Fett rösten. Anschließend zu der Tomatenmischung geben und zu einer Paste verarbeiten. Die Chili entkernen und klein hacken. Zusammen mit dem Knoblauch und der Zwiebel in die Sauce geben.
6. Bei laufendem Mixer langsam den Essig und das Olivenöl zugießen und alles zu einer glatten Sauce verarbeiten. Mit Pfeffer und Salz würzen und bei Zimmertemperatur bis zum Servieren stehen lassen.

Tipp
Sollte von dieser Sauce etwas übrig bleiben, kann man sie bis zu einer Woche in einem geschlossenen Behälter im Kühlschrank aufbewahren. Bei Zimmertemperatur servieren, damit sich das Aroma voll entfalten kann.

Geröstete Mandeln für die Romesco-Sauce.

VEGETARISCH GRILLEN

SCHARFE TOMATEN-PAPRIKA-SALSA

Vorbereitung: 10 Minuten

Für 4 Personen

250 g reife Eiertomaten

1–2 grüne Chilischoten

1 gelbe Paprikaschote

1 kleine rote Zwiebel

2 Esslöffel frischer Basilikum, gehackt

1 Esslöffel Rotweinessig

4 Esslöffel Olivenöl

Salz und frisch gemahlener schwarzer Pfeffer

Salsas passen hervorragend zu Gegrilltem, sind schnell herzustellen und lassen sich ganz nach Belieben als Dip oder Salatbeilage servieren.

Tomaten, Chili und Paprika sind eine gute Grundlage für Salsas, man kann die Zutaten jedoch nach Geschmack variieren. Lediglich auf Ausgewogenheit hinsichtlich Konsistenz, Farbe und Aroma sollte man achten. Dieses Rezept eignet sich gut als Einstieg für eigene Versuche. Die feurige Variante passt gut zu gegrilltem Gemüse oder als Salatsauce. Wer es lieber etwas milder mag, für den ist die Avocado-Mango-Limetten-Salsa auf Seite 82 eine gute Wahl.

1. Die Tomaten vierteln, entkernen und klein schneiden. Chili- und Paprikaschoten entkernen und zerkleinern. Die Zwiebel ebenfalls fein hacken.

2. Die so vorbereiteten Zutaten in eine Schüssel geben und Basilikum, Weinessig und Olivenöl zugeben. Mit Pfeffer und Salz abschmecken und alles gut mischen. Abdecken und bis zum Servieren kühl stellen.

Varianten

AVOCADO-TOMATEN-PAPRIKA-SALSA Das gewürfelte Fleisch einer reifen Avocado zugeben und den Essig durch den Saft einer Zitrone ersetzen.

SCHARFE GRILLPAPRIKA-TOMATEN-SALSA Eine gelbe und eine rote Paprikaschote grillen, bis die Haut gebräunt ist. Für 5 Minuten in eine Plastiktüte geben, bis sich die Haut löst. Anschließend die Paprika häuten und entkernen, klein hacken und in die Salsa geben. Den Rotweinessig durch Balsamessig ersetzen und nur ½ grüne Chili verwenden. Benutzen Sie bestes, extra natives Olivenöl für dieses Rezept, das einen ausgezeichneten Bruschetta-Belag ergibt.

GURKEN-KORIANDER-SALSA Basilikum durch gehackte, frische Korianderblätter ersetzen und die gelbe Paprika weglassen. 1 Teelöffel Kreuzkümmelsamen rösten und zusammen mit 90 g gewürfelter Gurke zur Salsa hinzufügen.

VEGETARISCH GRILLEN

ERDNUSS-SATAY-SAUCE

Vorbereitung: 5 Minuten
Zubereitung: 8 Minuten

Für 4 Personen

1 kleine Zwiebel
1 Esslöffel Olivenöl
1 getrocknete Chilischote
2 Esslöffel dunkle Sojasauce
Saft einer Limette
1 Esslöffel heller Rohrohrzucker
8 Esslöffel Erdnussbutter
(mit Erdnussstückchen)
155 ml Kokosmilch
Salz

Zum Thema Erdnussbutter sind die Meinungen äußerst geteilt: die einen lieben und die anderen verabscheuen sie. Ich gehöre zur ersten Gruppe und diese Erdnussbutter-Sauce ist eines meiner Lieblingsrezepte mit Erdnüssen (der Name kommt übrigens daher, dass sie am Boden wachsen). Die Grundlage für dieses Rezept lernte ich vor Jahren im südpazifischen Raum kennen. Es passt sehr gut zu asiatischen Kebabs, wie z.B. Tofu-Gemüse-Satay (siehe Seite 30). Als Dip für Gurkenstreifen und Brotwürfel könnte ich von dieser Sauce eine ganze Schüssel verdrücken!

1. Die Zwiebel fein hacken. Das Öl in einer kleinen Pfanne erhitzen und die Zwiebel bei mittlerer Hitze ca. 5 Minuten darin anbraten. Bei stärkerer Hitze nochmals 2 Minuten braten, bis die Zwiebeln goldgelb sind.
2. Die Chili zerkleinern und mit in die Pfanne geben. Weitere 30 Sekunden garen. Sojasauce, Limettensaft und Zucker zugeben. Die Pfanne vom Herd nehmen.
3. Die Erdnussbutter unterrühren und so viel Kokosmilch dazugeben, dass die Sauce eine dickflüssige Konsistenz erhält. Mit Salz abschmecken. Als Sauce oder Dip servieren.

Tipp
Man kann diese Sauce in einem Schraubglas bis zu einem Monat im Kühlschrank aufbewahren. Jedoch sollte die Kokosmilch erst kurz vor dem Servieren zugegeben werden. Vor der Verwendung wird die Erdnuss-Sauce vorsichtig erwärmt und die entsprechende Menge Kokosmilch hinzugefügt, bis die Sauce die richtige Konsistenz hat.

VEGETARISCH GRILLEN

AVOCADO-MANGO-LIMETTEN-SALSA

Vorbereitung: 10 Minuten

Für 4 Personen

| 1 große reife Avocado |
| 1 große reife Mango |
| 6 Frühlingszwiebeln |
| Saft einer Limette |
| 2 Esslöffel frische Minze, gehackt |
| ½ Teelöffel milde Currypaste |
| Salz und frisch gemahlener schwarzer Pfeffer |

Diese Salsa ist relativ mild und bekommt durch die Currypaste einen Hauch von Schärfe. Sie wird mit warmem indischen Naan-Brot sowie Süßkartoffeln mit schneller Currypaste (siehe Seite 56) serviert.

1. Die Avocado halbieren, häuten und den Kern entfernen. Das Fruchtfleisch würfeln und in eine Schüssel geben. Die Mango schälen, das Fruchtfleisch vom Kern entfernen und würfeln. Die Frühlingszwiebeln in kleine Ringe schneiden und mit der Mango zu der Avocado in die Schüssel geben.
2. Limettensaft, Minze und Currypaste mischen und mit Salz und Pfeffer würzen. Dieses Dressing über die Früchte gießen und alles gut mischen. Sofort servieren.

GURKEN-WALNUSS-RAITA

Vorbereitung: 10 Minuten

Für 4 Personen

| ¼ kleine Gurke |
| 30 g Walnüsse |
| 315 g griechischer Joghurt |
| 1 Teelöffel Kreuzkümmel, ganz |
| ein paar Tropfen Tabasco-Sauce |
| 2 Esslöffel Zitronensaft |
| 3 Esslöffel frische Koriander- oder Minzeblätter, gehackt |
| Salz und frisch gemahlener schwarzer Pfeffer |

Eine Joghurt-Raita passt gut zu etwas schärferen Gerichten oder auch zu Wurzelgemüse. Ich serviere dieses Rezept zu nahezu allen pikanten Grillgerichten. Wenn man Kreuzkümmel, Tabasco und Salz weglässt und stattdessen etwas Zucker hinzufügt, kann man es sogar zu gegrillten Früchten reichen!

1. Die Gurke fein würfeln und die Walnüsse klein hacken. Den Joghurt in eine Schüssel geben und Gurke und Walnüsse hinzufügen.
2. Die Kreuzkümmelsamen 30 Sekunden rösten und anschließend im Mörser zu Pulver verarbeiten und in die Schüssel mit dem Joghurt geben.
3. Tabasco, Zitronensaft, Koriander oder Minze sowie Salz und Pfeffer unter den Joghurt rühren. Abdecken und vor dem Servieren kühl stellen.

VEGETARISCH GRILLEN

TOMATEN-CHILI-RELISH

Vorbereitung: 5 Minuten
Zubereitung: ca. 25 Minuten

Für 4 Personen

750 g reife Eiertomaten oder
850 g italienische Dosentomaten
2 milde rote Chilischoten (wenn
Sie es schärfer mögen, verwenden
Sie die scharfe Sorte Chili)
3 Knoblauchzehen
60 g brauner Rohrzucker
4 Esslöffel frischer Basilikum,
gehackt
Salz

Die Originalvariante dieser Sauce lernte ich auf einem Kochseminar mit der Italienerin Carla Tomasi kennen. Sie ist fast wie Marmelade oder wie allerbestes Tomatenketchup. Man bestreicht Gemüse oder Tofu während des Grillens damit oder serviert die Sauce zu Kebabs und gegrilltem Wurzelgemüse. Verwenden Sie für dieses Rezept nur sehr aromatische frische Tomaten, ansonsten sollten Sie italienische Dosentomaten nehmen, um einen intensiven Geschmack zu erhalten. Dosentomaten haben auch den Vorteil, dass die Zubereitung schneller geht, da man frische Tomaten zuvor häuten muss.

1. Frische Tomaten häuten und klein schneiden. Die Tomaten mit den Chilischoten und dem Knoblauch mit dem Mixer oder der Küchenmaschine zu einer glatten Masse verarbeiten. Diese durch ein Sieb sorgfältig in einen großen Topf passieren, wobei möglichst viel durch das Sieb gedrückt werden sollte.
2. Den Zucker zugeben und das Relish langsam erwärmen, bis der Zucker sich auflöst. Anschließend zum Kochen bringen und 20 bis 25 Minuten garen, bis die Masse eindickt. Basilikum zugeben und mit Salz abschmecken. Heiß oder kalt servieren.

Tipp
Dieses Relish kann man im Kühlschrank bis zu einem Monat aufbewahren. Dazu nach dem Kochen in sterilisierte Gefäße füllen und sofort luftdicht verschließen.

VEGETARISCH GRILLEN

SALSA VERDE

Vorbereitung: 5 Minuten

Für 4 Personen

1–2 Knoblauchzehen
1 Esslöffel Kapern
1 kleine rote Zwiebel
6 Esslöffel frische glatte Petersilie, gehackt
4 Esslöffel extra natives Olivenöl
Salz und frisch gemahlener
schwarzer Pfeffer

Petersilie und Knoblauch sind die wichtigsten Zutaten für dieses einfachste und vielleicht auch nützlichste Rezept in diesem Buch. Meine Empfehlung ist, glatte Petersilie statt der krausen Sorte zu verwenden, da sie aromatischer ist. Außerdem sollte man qualitativ hochwertiges, extra natives Olivenöl benutzen. Die Sauce kann als Marinade oder zum Einpinseln von nahezu allen Gemüsesorten während des Grillens dienen. Wenn man getoastetes Brot damit bestreicht, erhält man auf einfache Weise eine hervorragende Bruschetta. Nicht-Vegetarier können diese Salsa zum Bestreichen von Muscheln oder jeglicher Art von gegrilltem Fisch oder Fleisch verwenden.

1. Knoblauch, Kapern und Zwiebel fein hacken. In eine kleine Schüssel geben. Petersilie, Öl sowie Pfeffer und Salz hinzufügen.

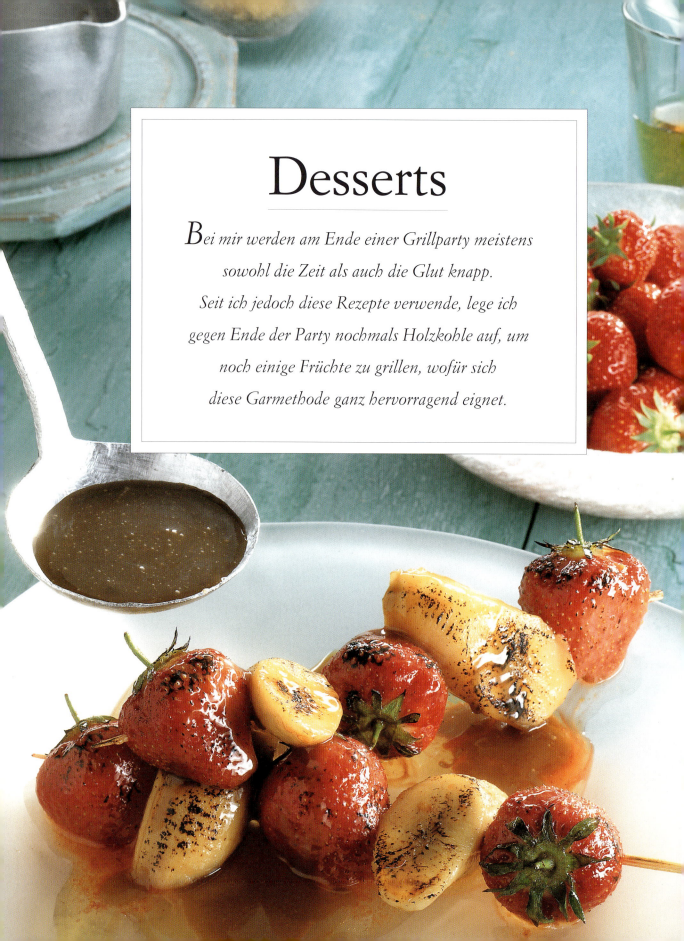

Desserts

Bei mir werden am Ende einer Grillparty meistens sowohl die Zeit als auch die Glut knapp. Seit ich jedoch diese Rezepte verwende, lege ich gegen Ende der Party nochmals Holzkohle auf, um noch einige Früchte zu grillen, wofür sich diese Garmethode ganz hervorragend eignet.

VEGETARISCH GRILLEN

ERDBEER-BANANEN-SPIESSE MIT SAHNEKARAMELL-SAUCE

Vorbereitung: 15 Minuten
Zubereitung: 5 bis 8 Minuten

Für 4 Personen

30 g Butter
1 Esslöffel Honig
¼ Teelöffel Zimt, gemahlen
3 große Bananen
250 g Erdbeeren

Sahnekaramell-Sauce:
125 g heller Rohrohrzucker
4 Esslöffel Schlagsahne
60 g Butter
einige Tropfen natürliches
Vanillearoma

Bananen scheinen geradezu wie zum Grillen geschaffen. Eine meiner Reserven zum Abschluss eines Grillmenüs ist es, Bananen in der Schale zu grillen. Sie werden dabei mehrmals gewendet, bis sie gebräunt sind. Anschließend wird die Schale aufgeschnitten und mit einem Löffel Honig, Rum und Sahne hinein gegeben. Der glückliche Gast kann dann eine Mischung all dieser Zutaten herauslöffeln – einfach, aber wirklich köstlich! Diese Fruchtspieße sind etwas zeitaufwendiger in der Vorbereitung, aber ebenfalls sehr wohlschmeckend.

1. Die Butter mit Honig und Zimt zerlassen. Die Bananen schälen und schräg in größere Stücke schneiden. Die Bananenstücke abwechselnd mit den Erdbeeren auf Spieße stecken und mit der flüssigen Butter bestreichen.
2. Die Sauce wird vor dem Grillen der Spieße zubereitet. Dazu Zucker, Sahne, Butter und Vanillearoma zusammen in einem kleinen Topf erhitzen, bis die Zutaten geschmolzen sind. Weitere 5 Minuten kochen, bis die Sauce eindickt. Anschließend beiseite stellen.
3. Die Spieße auf dem heißen Grill 5 bis 8 Minuten garen, dabei gelegentlich wenden und mit der Butter bestreichen, bis die Bananen goldgelb sind.
4. Die Fruchtspieße mit der heißen, dickflüssigen Sahnekaramell-Sauce übergießen und sofort servieren.

*Erdbeer-Bananen-Spieße mit
Sahnekaramell-Sauce.*

VEGETARISCH GRILLEN

EXOTISCHE FRUCHTSPIESSE MIT KARDAMOM-RUM-BUTTER

Vorbereitung: 15 Minuten
Zubereitung: 5 bis 10 Minuten

Für 4 Personen

½ kleine Ananas

1 reife Mango

½ Papaya

Kardamom-Rum-Butter:

60 g Butter

4 Kardamomschoten

½ Teelöffel frisch gemahlener
schwarzer Pfeffer

2 Esslöffel heller Rohrohrzucker

2 Esslöffel dunkler Rum oder
Amontillado-Sherry

Schwarzer Pfeffer wirkt bei Beeren als Geschmacksverstärker. Aus diesem Grund bestreuen viele Leute Erdbeeren damit. In diesem Rezept wird der Pfeffer mit aromatischem Kardamom kombiniert und zum Glasieren von exotischen Früchten verwendet.

1. Die Ananas schälen und in dicke Scheiben schneiden. Den harten Teil in der Mitte entfernen und die Scheiben in mundgerechte Stücke zerteilen. Die Mango schälen, das Fruchtfleisch vom Stein trennen und in Stücke schneiden. Die Papaya halbieren und entkernen, dann schälen und in Stücke zerteilen. Die Fruchtstücke auf Spieße stecken.
2. Die Butter in einen kleinen Topf geben. Die Kardamomschoten öffnen und die kleinen schwarzen Samen herausnehmen und mit in den Topf geben. Anschließend Pfeffer, Zucker und Rum oder Sherry hinzufügen. Bei geringer Wärmezufuhr vorsichtig erhitzen. Nachdem die Butter geschmolzen ist, die Früchte mit der Mischung bestreichen.
3. Die Fruchtspieße auf dem heißen Grill 5 bis 8 Minuten garen, dabei gelegentlich wenden, bis die Früchte goldgelb sind. Sofort servieren.

VEGETARISCH GRILLEN

GEGRILLTE PFIRSICHE MIT WHISKY-MAC-CREME

Vorbereitung: 15 Minuten
Marinieren: 1 Stunde
Zubereitung: 5 Minuten

Für 4 Personen

4 große reife Pfirsiche
1 Esslöffel frischer Ingwer, gerieben
½ Teelöffel Zimt, gemahlen
155 ml Ingwerwein

Whisky-Creme:
90 g Mascarpone
155 ml Schlagsahne
2 Esslöffel Whisky
1 Esslöffel Puderzucker
abgeriebene Schale einer halben Zitrone

Ich habe eine besondere Vorliebe für Ingwer. Kennen gelernt habe ich ihn bei meinem Onkel Drummond, der Experte für schwierige Probleme aller Art ist. Als Medizin gegen Erkältungen bestellte er immer Ingwerwein mit Whisky – dieser Cocktail hieß Whisky-Mac. Eines Abend saßen wir zusammen in einem Lokal in Kent, wo ich mindestens 5 Stück davon trank. Das linderte zwar meine Erkältungsbeschwerden, aber der darauf folgende Kater war fast genauso so schlimm! Seitdem habe ich für alle Fälle immer eine Flasche Ingwerwein im Haus. Er eignet sich auch sehr gut als Marinade für Früchte, und was davon übrig bleibt, ist die Belohnung für den Koch.

1. Die Pfirsiche mit kochendem Wasser übergießen und 1 Minute stehen lassen. Anschließend abgießen, häuten, halbieren und die Steine entfernen.
2. Die Pfirsichhälften in eine flache Schale geben und mit geriebenem Ingwer und Zimt bestreuen. Mit dem Ingwerwein übergießen, abdecken und im Kühlschrank 1 Stunde ziehen lassen.
3. Für die Herstellung der Whisky-Creme den Mascarpone in eine Schüssel geben und schaumig rühren. Die Sahne leicht schlagen und mit Whisky, Zucker und Zitronenschale unter den Mascarpone heben. 2 Esslöffel Ingwerwein von den Pfirsichen abnehmen und unterrühren.
4. Die Pfirsiche abgießen und auf dem Grill ca. 5 Minuten garen und dabei wenden. Mit der Whisky-Mac-Creme servieren.

Tipp
Mit dieser Marinade lassen sich auch andere Früchte zubereiten. Besonders Ananas und Mango eignen sich sehr gut.

VEGETARISCH GRILLEN

PFIRSICHE MIT BLAUBEEREN UND PECANNUSS-BUTTER IN FOLIE GEBACKEN

Vorbereitung: 10 Minuten
Zubereitung: 10 Minuten

Für 4 Personen

4 reife Pfirsiche
250 g Blaubeeren
30 g Pecannüsse, halbiert
60 g Butter
3 Esslöffel heller Rohrohrucker
1 Teelöffel Zimt
4 Esslöffel dunkler Rum
Frischkäse oder Schlagsahne zum
Servieren

Ich liebe diese Kombination aus Pfirsichen und Blaubeeren. In diesem Rezept werden sie in einer süßen Buttersauce gegart und schmecken einfach phantastisch. Man kann die Pfirsiche auch durch verschiedene Beerensorten ersetzen.

1. Die Pfirsiche halbieren und die Steine entfernen. Mit den Blaubeeren vermischen. Die Pecannüsse in einem kleinen Topf bei mittlerer Hitze 1 bis 2 Minuten rösten und anschließend fein hacken. Die Butter mit Zucker und Zimt schaumig rühren, dann die Pecannüsse dazugeben.
2. Aus Alufolie vier ca. 25x25 cm große, quadratische Stücke schneiden und die Früchte darauf verteilen. Darauf die Zimtbutter und einen Esslöffel Rum geben. Die Alufolie an den Rändern zusammenfalten und mehrfach überschlagen, um die Päckchen fest zu verschließen.
3. Auf dem Grill 10 Minuten garen, bis die Früchte weich sind. Die Folienpäckchen öffnen und mit Frischkäse oder Schlagsahne servieren.

Tipp
Diese Folienpäckchen können auch im Backofen gegart werden. Dadurch lassen sie sich gut im Voraus zubereiten, wenn man am Abend Gäste erwartet.

VEGETARISCH GRILLEN

FEIGEN MIT ZITRONENGRAS UND HONIG

Vorbereitung: 5 Minuten
Zubereitung: 5 bis 8 Minuten

Für 4 Personen

8 reife Feigen
4 Esslöffel Honig von guter
Qualität
1 Stängel Zitronengras
30 g Walnussstückchen

Ich mag Feigen sehr gern. Sie erinnern mich an Urlaubsreisen mit meiner Familie nach Spanien. Zum ersten Mal probierte ich sie frisch von den Bäumen rund um den Swimmingpool unseres Ferienhauses. Wir grillten jeden Tag mit wunderbar frischen Zutaten, die wir auf dem Markt einkauften. Am Ende einer solchen Mahlzeit legten wir Feigen auf den Grill, die über der schwächer werdenden Glut langsam garten. Beträufelt mit Honig und serviert mit Frischkäse, beides aus der Region, bildeten sie den perfekten Abschluss eines Sommerabendessens.

1. Die Feigen auf den heißen Grill legen und 5 bis 8 Minuten garen, bis sie leicht gebräunt sind. Mit einer Grillzange die Früchte vorsichtig wenden, ohne sie dabei zu beschädigen. Auf Tellern anrichten.
2. Honig und Zitronengras in einem kleinen Topf langsam erwärmen. Das Zitronengras entfernen und den Honig über die Feigen gießen. Mit den Walnussstückchen bestreuen und servieren.

VEGETARISCH GRILLEN

BIRNEN MIT ZITONENBUTTER AUF ROSINENBROT

Vorbereitung: 15 Minuten
Zubereitung: 10 Minuten

Für 4 Personen

30 g Butter
abgeriebene Schale und Saft einer
halben Zitrone
2 Esslöffel Puderzucker
4 große reife Birnen
4 Scheiben Rosinenbrot mit Zimt
oder Brioche-Brot
4 Esslöffel Mascarpone

Meine Schwester hatte die Aufgabe, die Rezepte für dieses Buch zu testen und dieses war eines ihrer Lieblingsgerichte. Sie empfiehlt, Rosinenbrot statt Brioche zu verwenden, was sie gegrillt und mit Mascarpone bestrichen so köstlich fand, dass sie fast die Birnen vergessen hätte! Halten Sie im Supermarkt nach Rosinenbrot mit Zimt Ausschau.

1. Die Butter mit Zitronenschale und -saft in einem kleinen Topf vorsichtig erwärmen, bis die Butter geschmolzen ist.
2. Die Birnen, schälen, halbieren und das Kerngehäuse entfernen. Mit der Zitronenbutter bestreichen und 5 bis 8 Minuten grillen. Dabei gelegentlich wenden, bis sie goldbraun sind.
3. Während die Birnen gegrillt werden, das Brot von beiden Seiten auf dem Grill toasten. Mit Mascarpone bestreichen und die gegrillten Birnen darauf legen. Sofort servieren.

VEGETARISCH GRILLEN

HIMBEER-JOHANNISBEER-CREME

Vorbereitung: 15 Minuten

Für 4 bis 6 Personen

500 g frische Himbeeren
125 g rote Johannisbeeren
90 g Puderzucker
315 ml Schlagsahne
155 ml griechischer Joghurt

Zum Garnieren:
Himbeeren
Johannisbeerträubchen
Ingwer-Shortbread-Gebäck zum
Servieren

Fruchtcremes bereite ich den ganzen Sommer über zu; anfangs aus Rhabarber und Stachelbeeren und im Juni und Juli aus weichen roten Beeren. Schnell zubereitet und bei allen beliebt, sind sie das ideale Dessert nach einem Grillgericht. Manchmal füge ich noch Baiserstückchen hinzu, was eine Erdbeercreme in ein erstklassiges Dessert verwandelt. Dazu serviere ich Ingwer-Shortbread-Gebäck – selbstgebacken, wenn ich Zeit dazu habe, ansonsten fertig gekauft im Feinkostgeschäft. Wenn von der Creme etwas übrig bleibt, kann man sie einfrieren und erhält so auf einfache Weise Eiscreme.

1. Die Himbeeren und Johannisbeeren mit einer Gabel zerdrücken, jedoch nicht pürieren. Den Zucker unterrühren.
2. Die Sahne leicht schlagen und mit dem griechischen Joghurt verrühren. Die Beerenmasse unterheben, aber nicht vollständig mischen, da die Creme einen leichten Marmoreffekt haben sollte.
3. Die Masse in einzelne Dessertgläser füllen und mit Himbeeren und Johannisbeerträubchen garnieren. Mit dem Ingwergebäck servieren.

Tipp
Für dieses Rezept kann man auch sehr gut andere Sommerfrüchte verwenden, zum Beispiel Erdbeeren oder Brombeeren.

VEGETARISCH GRILLEN

INGWER-AHORNSIRUP-EISCREME

Vorbereitung: 20 Minuten
Tiefkühlen: 4 bis 6 Stunden

Für 6 Personen

4 Eigelb
4 Esslöffel Ahornsirup
1–2 Stück eingelegter Ingwer
315 ml Schlagsahne

Dies ist ein Lieblingsrezept unserer ganzen Familie, das man das ganze Jahr über zubereiten kann, da es ebenso gut zu weihnachtlichen Süßspeisen passt, wie zu gegrillten Beeren. Es schmeckt auch gut zu einem einfachen Salat aus frischen exotischen Früchten, wie zum Beispiel Mango, Kiwi, Papaya und/oder Litschis. Ein weiterer Vorteil dieses Rezeptes ist, dass man diese Eiscreme nicht während des Gefrierens nochmals schlagen muss. Man kann sie zubereiten, einfrieren und im Tiefkühlfach stehen lassen. Natürlich dauert es länger als 30 Minuten, bis die Eiscreme gefroren ist.
Da man sie aber ein paar Tage im Voraus herstellen kann, ist es das schnellste Dessert, das man servieren kann.

1. Die Eigelb in eine große hitzebeständige Schüssel geben und so lange schlagen, bis sie blass werden.
2. Inzwischen den Ahornsirup in einem kleinen Topf erhitzen, bis er zu kochen beginnt. Den heißen Sirup unter ständigem Rühren zu den Eigelb gießen. So lange rühren, bis die Masse blass, dickflüssig und abgekühlt ist.
3. Den Ingwer fein hacken und die Sahne leicht schlagen. Zuerst die Sahne und anschließend den Ingwer unter die Masse heben.
In einen kältebeständigen Behälter füllen und mindestens 4 Stunden bzw. bis die Eiscreme fest ist, tiefkühlen. 30 Minuten vor dem Servieren aus dem Gefrierfach nehmen und in den Kühlschrank stellen, damit die Eiscreme geschmeidig wird.

Tipp
Achten Sie darauf, dass die geschlagene Masse sehr dick ist und der Ingwer besonders fein gehackt wird, da er sonst auf den Boden der Eiscreme sinkt.

VEGETARISCH GRILLEN

REGISTER

Ahornsirup-Ingwer-Eiscreme 95
Artischocken und Auberginen mit
 Alioli 14
Auberginen
 Artischocken und Auberginen mit
  Alioli 14
 Auberginen-Koriander-Pâte 21
 Auberginen-Mozzarella-Röllchen 33
 Auberginen-Räuchertofu-Kebabs 32
Ausrüstung 7
Avocado-Mango-Limetten-Salsa 82

Birnen, mit Zitronenbutter auf Rosinen-
 brot 93
Brennstoffe 7–8
Brot
 Kartoffel-Zwiebel-Brot 76
 Pizzabrot mit Knoblauch und
  Kräutern 73
 Röstbrotsalat 61
 Sardisches Salbeibrot 72
Bruschetta, gegrillte Frühlingszwiebel- 13

Couscous-Salat mit gegrilltem Gemüse
 59
Crostini, Tomaten- 12

Desserts 86–95

Eierkuchen mit Zimt und Honig 77
Eiscreme, Ingwer-Ahornsirup- 95
Erdbeer-Bananen-Spieße 87
Erdnuss-Satay-Sauce 81

Feigen mit Zitronengras und Honig 92
Felafel in Pita-Taschen 44
Fenchel
 Fenchelsalat mit roten Zwiebeln 66
 Reis mit Fenchel, Zucchini und
  Zwiebel 52
Fruchtspieße, exotische 88
Frühlingszwiebel-Bruschetta, gegrillte 13

Gemüse
 Gemischte Platte mit Baby-Gemüse
  und Chili-Mayonnaise 47
 Gewürzte Wurzelgemüse-Spieße 28
 Tofu-Gemüse-Satay 30
Grillanzünder 8
Grills 7–8
Gurken-Walnuss-Raita 82

Himbeer-Johannisbeer-Creme 94

Ingwer-Ahornsirup-Eiscreme 95

Joghurt-Raita, Gurken-Walnuss- 82
Kartoffeln
 Kartoffelecken mit Rosmarin und
  Knoblauch 53
 Kartoffel-Schalotten-Spieße 25
 Kartoffel-Zwiebel-Brot 76
 Patatas Bravas 50
 Salat aus neuen Kartoffeln mit Blumen-
  kohl und Minze 69
Käse
 Auberginen-Mozzarella-Röllchen 33
 Gefüllte Weinblätter mit Feta 45
 Gegrillte Halloumi-Streifen 37
 Gegrillte Paprikaschoten und neue
  Kartoffeln mit Fontina 42
 Gegrillter Ziegenkäse mit Kräuter-
  Focaccia 41
 Kräuter-Ingwer-Käse mit gegrilltem
  Gemüse 18
 Radicchio mit Mozzarella-Füllung 35
 Ziegenkäse-Dill-Scones 74
Kebabs oder Grillspieße 22–33,
 87–88
Kichererbsen
 Felafel in Pita-Taschen 44
Köfte aus roten Bohnen, gewürzte 38
Kürbis
 Gebratener Birnenkürbis mit Orangen-
  Pecanuss-Butter 49
 Kürbis-Sellerie-Spieße 29
 Patty-Pan-Kürbisse mit Zitronen-Senf-
  Dressing 54

Linsen, warmer Puylinsen-Salat 60

Mais
 Mais-Zwiebel-Spieße 26
 Tortillas mit Mais und Avocado 57
Menüs 9
Möhren
 Pilz-Möhren-Burger mit Feta-Käse
  40

Paprika
 Gegrillte Paprikaschoten und neue
  Kartoffeln mit Fontina 42
 Salat aus gegrillten Paprikaschoten 86
Patatas Bravas 50
Pâte, Auberginen-Koriander- 21
Petersilie, Salsa Verde 85
Pfirsiche
 Gegrillte Pfirsiche mit Whisky-Mac-
  Creme 89
 Pfirsiche mit Blaubeeren und Pecan-
  nuss-Butter in Folie gebacken 90

Pilze
 Gefüllte Wiesenchampignons mit
  Pinienkernen und Oliven 48
 Knoblauchchampignons 16
 Pilz-Möhren-Puffer mit Feta-Käse 40
 Pilzspieße mit thailändischen
  Gewürzen 24
Pita-Taschen, Felafel in 44
Pizzabrot mit Knoblauch und Kräutern
 73
Polenta-Parmesan-Ecken 71
Puffer, Pilz-Möhren- 40

Radicchio mit Mozzarella-Füllung 35
Raita, Gurken-Walnuss- 82
Ratatouille-Salat, gegrillter 64
Reis, Zucchini-Zwiebel- mit Fenchel 52
Relish, Tomaten-Chili- 84
Romesco-Sauce 79
Rote Bete mit Birnen-Rucola-Salat 20
Rucola mit Grill-Paprika 62

Salate 58–69
Salbeibrot, Sardisches 72
Salsas
 Avocado-Mango-Limetten-Salsa 82
 Scharfe Tomaten-Paprika-Salsa 80
 Salsa Verde 85
Satay-Sauce, Erdnuss- 81
Saucen 78–85
Scones, Ziegenkäse-Dill- 74
Spargel mit einem Dressing aus Parmesan
 und Pinienkernen 17
Süßkartoffeln mit schneller Curry-Paste
 56
Suppe, gegrillte Tomaten-Paprika- 11

Tofu
 Auberginen-Räuchertofu-Kebabs 32
 Marinierte Tofu-Steaks nach Peking-
  Art 36
 Tofu-Gemüse-Satay 30
Tomaten
 Gegrillte Tomaten mit Kicher-
  erbsen 65
 Gegrillte Tomaten-Paprika-Suppe 11
 Scharfe Tomaten-Paprika-Salsa 80
 Tomaten-Chili-Relish 84
 Tomaten-Crostini 12
 Tomaten-Knoblauch-Spieße 23
Tortillas mit Mais und Avocado 57

Vorspeisen 10–21

Weinblätter, gefüllte mit Feta 45